쇼펜하우어
아포리즘

쇼펜하우어 아포리즘

초판 1쇄 인쇄 2024년 11월 6일
초판 1쇄 발행 2024년 11월 11일

지은이 김민준
책임편집 하진수
디자인 그별
펴낸이 남기성

펴낸곳 주식회사 자화상
인쇄,제작 데이타링크
출판사등록 신고번호 제 2016-000312호
주소 경기도 고양시 덕양구 꽃마을로 34, 1006호,1007호(향동동, DMC스타펠리스)
대표전화 (070) 7555-9653
이메일 sung0278@naver.com

ISBN 979-11-91200-99-7 03160

{ 쉽게 읽는 하루 한 장 60일의 철학 수업 }

APHORISM SCHOPENHAUER

쇼펜하우어 아포리즘

김민준 지음

평온함은
고통의 온전한
인식으로부터 온다

자화상

삶을 진정 나답게 살아가고자 하는 마음가짐

쇼펜하우어는 인간의 합리성에 근거한 기존 이성주의 철학과는 다른 실존주의 철학을 강조하였다. 요즘은 누구나 한 번쯤 쇼펜하우어의 철학에 대해 들어보았겠지만, 처음부터 그의 철학관이 큰 관심을 받았던 것은 아니다. 쇼펜하우어 철학이 주목을 받게 된 것은 세계대전을 거치며 인간 이성과 합리성에 대한 회의가 대두됨에 따라, 이성 중심 철학이 아닌 삶의 체험을 중심으로 하는 실존주의 철학에 관심이 집중되면서부터다. 그 실존주의 철학에 지대한 영향을 끼친 것이 바로 쇼펜하우어의 철학 세계인 것이다.

때로 쇼펜하우어는 인간의 삶 자체에 회의적이며 모든 삶이 고통으로 이루어져 있다고 현실을 그저 비관하는 인물로 묘사되기도 한다. 하지만 그의 참된 철학 세계를 들여다보면, 그가 누구보다 인간의 삶 그 자체를 온전히 마주 보고자 했음을 알 수 있다. 그는 고통이라는 피할 수 없는 인식을 바탕으로 하여, 어떻게 살아야 진정 불합리한 삶의 굴레에서 벗어나 자유로울 수 있는지를 고민했다.

그는 고통의 의미에 관해 탐구하였고 그것을 의지와 표상이라는 용어로 설명하였다. 의지는 누구에게나 내재해 있는 자연적인 본능이고 흐름이다. 표상은 그 의지가 인간의 삶과 인식을 통해 드러난 생각이자 형태를 뜻한다.

인간의 삶은 수많은 욕망을 성취하고자 하는 본능으로 이루어져 있으며 그것은 '이성'보다 더 높은 차원의 형태인 '의지'의 움직임이다. 인간의 삶이 고통인 이유는 그 의지를 순수하게 인식한 것이 아니라 표상이라는 매개물로서 인식하기 때문이다. 즉 순수하게 자신의 욕망을 이해할 수 없기에 인간은 진정한 앎에 이르기 어려우며 그로 인해 중요한 것들을 놓치고 사사로운 것들에 얽매이는 것이다.

쇼펜하우어는 인생을 그저 절망으로 인식하는 데 그친 것이 아니라 고통을 통하여 진정한 의지의 출현을 알고자 했다. 즉 세계를 온통 비관하고 삶에 낙망한 것이 아니라 자기 안에 깃든 욕망을 순수하게 바라보는 데 집중한 것이다. 그는 자신과 주변을 인생이라는 고통의 바다를 함께 건너고 있는 동료로서 바라보고자 했다.

상대방을 진심으로 이해하는 것의 출발은 자신의 삶을 깊게 인식하는 것이며, 세계를 있는 그대로의 순수함으로 인식하는 방법 또한 결국 내 안의 고통과 그 의미를 파악할 수 있을 때 가능한 것이다. 그런 점에서 쇼펜하우어는 헛된 희망으로서의 욕망이 아니라 분명하고 실존하는 고통을 통해서 내면의 진실을 마주하고자 하였다.

쇼펜하우어 철학은 견고한 이론으로 이루어져 있으며 정신분석학에서부터 생물학까지 폭넓은 연구를 통해 인간의 본능과 의지에 관해 설명하고 있다. 그러나 그가 세상에 전달하고 싶었던 가치는 기존의 합리주의 철학자들의 주장처럼 대중들이 이해하기 어려울 정도의 형이상학적인 내용은 아니었다. 오히려 쉬운 의미로서 지극히 당연하게 인간의 삶을 설명해줄 수 있는 것이 쇼펜하우어의 철학 세계라고 볼 수 있다. 쇼펜하우어 철학을 한마디로 정의하기는 어렵지만, 철학자가 아니라 일반적인 대중이 가볍게 그 의미에 대해 접근하고자 한다면 다음과 같은 문장으로 요약하는 것도 가능할 것이다.

쇼펜하우어 철학이란 고통이라는 내면의 의욕을 이해함으로써 삶을 진정 나답게 살아가고자 하는 마음가짐이다.

차례

아포리즘 01

의지와
표상으로서의 세계

쇼펜하우어는 세상을 '의지로서의 세계'와 '표상으로서의 세계' 이렇게 두 가지로 구분했다. 의지로서의 세계와 표상으로서의 세계는 동시에 존재한다. 이는 세상은 순수한 의지로서의 세계일 뿐이지만 인간은 그 세계를 완벽히 인식할 수 없기에 표상의 형태로 받아들인다는 의미이다.

표상이란 자신이 생각하는 방식으로 이해하는 것, 즉 자기가 이해할 수 있는 관점 안에서 자기 삶을 이해하는 행위 정도로 말할 수 있겠다. 모두가 각자의 방식으로 세상을 이해하지만 그렇다고 순수한 의지 자체가 훼손되는 것은 아니다. 의지는 의지대로 흘러가고 있으며 표상으로서의 세계가 그 흐름 안에 혼재되어 있을 뿐이다. 의지의 본질을 알 수 없고 표상으로 인식할 수밖에 없으므로 인간의 삶은 필연적인 혼란이 야기된다.

의지는 자연적인 현상으로서의 움직임이다. 습득하는 것이 아니고, 배우는 것도 아니다. 이미 태어나는 순간 의지란 것도 내 안에 있으며 이미 발현되고 있다. 다만 순수한 의지는 내 개인적인 상황이나 감정을 고려하지 않으나 인간은 늘 자신이 바라는 무언가를 가슴속에 지니고 산다. 의지의 흐름 앞에서 늘 개인적인 욕망을 개입시키기 때문에 고통이 시작된다. 이를테면 죽음을 미루고 더 오래 살아 있고 싶다는 마음, 부자가 되고 싶다는 생각, 타인과 나를 비교하는 행위 같은 것은 모두가 표상으로서의 세계에서 인식되는 개인적인 욕망일 뿐 의지의 흐름과는 관계가 없다.

인간은 누구나 자신만의 세상을 꿈꾼다. 하나 그것이 정말로 '자신'이 바라던 것일까. 고통을 줄이기 위해서 인간은 무엇을 해야 할까. 인생이 조금 더 알맞게 지속되기 위해서는 고통 속에서 내면을 돌아볼 성찰의 시간이 요구된다.

그것은 슬픔을 다른 무언가로 가리기 위한, 즉 대체재로서의 행복과는 다르다. 고통을 무작정 잊거나 외면하기 위해서 다른 쾌락을 개입시키는 것이 아니라 무거운 마음을 내려놓고 이 감정을 다양한 관점으로 바라보고자 하는 것이 고통에 대한 올바른 태도라고 볼 수 있다.

아포리즘 02

감정도 객관적으로 인식할 것

내면에 떠오르는 어떠한 감정이든 그것의 표상은 인간에게 고통으로 다가올 수 있다. 이를테면 아주 행복한 일이 일어났다고 가정해보자. 그 기쁨 자체는 고통이 아니지만, 그 감정이 영원히 지속되었으면 하고 바라게 되는 것은 의지의 표상이다. 그러므로 인간은 즐거운 일로 인해 감정의 불안을 경험할 수도 있다.

감정 그 자체가 인간에게 늘 고통을 가져오는 것은 아니다. 그 감정으로부터 일어난 의지의 표상이 우리를 아프게 하는 것이다. 의지의 표상으로부터 약간의 거리를 유지하다 보면 어느 순간 기쁨이든 고통이든 덤덤하게 다가올 때가 있다. 쇼펜하우어는 그러한 상태를 '의지의 진정이 이루어진 상태'라고 보았다.

이러한 의지의 진정은 감정에 대한 맹목적인 인식이 아니라 그 감정에 약간 거리를 두고 객관적으로 인식하고자 할 때 가능하다. 즉 행복이든 불행이든 너무 그 상태에 사로잡히게 되면 인간은 괴로워질 수밖에 없다.

어떠한 성취나 우연한 행복 혹은 그 반대의 경우도 마

찬가지이다. 잔잔한 감정의 상태를 넘어선 마음의 굴곡은 흘러가는 시간의 흐름이라고 인지하며 이 행복이 영원한 것이 아님을 알아야 한다. 동시에 이 슬픔 또한 영원한 것이 아님을 알고 자신 또한 흘러가는 자세가 필요하다.

아포리즘 03

이성보다
높은 차원의 세계

인간은 스스로를 이성적인 존재로서 다른 무언가와 구별한다. 그러나 이성을 지니고 있다는 사실이 언제나 인간으로 하여금 이성적으로 옳다는 것을 뜻하지 않는다. 인간은 때로 이성적이지 못한 결정을 하며 지극히 불합리한 일을 추구하기도 한다. 동시에 본능에 사로잡혀 상황을 객관적으로 인지하지 못하는 경우도 있다. 쇼펜하우어는 인간이 지닌 욕망과 표상이 이성보다 우세하다고 보았으며 이성만으로는 결코 세계의 본질을 이해할 수 없다고 믿었다.

누구나 자기만의 맹목적인 본능과 욕구에 사로잡히는 순간이 있다. 현실에서 일어나는 대부분의 갈등은 이처럼 지극히 개인적인 일에서 시작된다. 내 기분이 좋지 않으니 그것을 타인에게 표출함으로써 자유롭고 싶다는 이기심, 내가 지금 느끼는 감정이 모두에게도 똑같을 것이라는 오만함, 나만 희생당하고 있는 것 같은 착각 등등 수많은 사사로운 욕망이 인간을 이성적인 생각으로부터 멀어지게 만든다.

공교롭게도 맹목적인 욕망에 사로잡히는 순간, 인간은 스스로가 일단 옳다고 믿게 된다. 그 확신은 이성보다 단단해지곤 해서 갈등이 점화되는 순간에 좀처럼 타자를 이해하기란 어려운 일이 되고 만다.

반대로 지나치게 자신이 없어 다른 이의 감정에 휘둘리는 경우도 있다. 스스로가 한심하고 비참하게 느껴져서 아무런 대응도 할 수 없는 순간, 그러한 절망에 빠지면 비록 나의 잘못이 아니라고 할지라도 상황을 제대로 읽어낼 수가 없다.

누구나 한 번쯤은 자신이 옳다고 믿고 타인과 갈등이 빚어진 경험이, 자신이 세상에서 가장 비참하다는 생각에 좌절한 경험이 있을 테다.

인간의 삶은 늘 자신의 판단보다 거대한 것이며 완전하지 않다. 내가 생각하는 이성의 판단력에 대해 때로는 의구심을 지니고 삶을 객관적으로 들여다볼 수 있다면, 고립된 이성보다 더 균형 있는 세계로 한 단계 가까워질 수 있을 것이다. 지금 내가 인식하는 것들이 결코 전부가 아니기에 쉽게 판단하여 타인을 책망하거나 스스로를 비난하지 말아야 한다.

아포리즘 04

행복하게
살기 위하여

때로는 행복하고자 노력하는 행위 자체가 우리를 괴롭게 할 때가 있다. 그런데 그 괴로움은 정말 해악인 걸까. 쇼펜하우어의 철학적 관점 안에서 인간의 이성은 선과 악 중에서 어느 것과도 협력할 수 있다. 그러니 스스로 이성적 판단이라 느껴지는 행위들이 진정 나를 존엄하게 하는 것인지는 고려해볼 필요가 있다.

어떤 의지는 고통스럽지만 우리를 진정 아름답게 하고, 어떤 의지는 쾌락의 형태를 띠지만 우리를 절망으로 데려가기도 한다는 사실을 기억해야 한다. 의지란 인간이 그렇게 행동하도록 만드는 결정적 힘을 지니고 있다. 그러나 그 결정적 힘이 결과적인 행위의 옳고 그름을 판가름하지 않는다. 그러므로 인간은 항상 의지의 맹목성을 두려워해야 하는 것이다. 이끌린다고 해서 그저 행하다 보면 어느새 내가 아니라 욕망만이 그 자리에 남게 될지도 모른다.

이렇듯 의지는 나를 인식하게끔 하는 계기가 되며, 다른 사람들을 구분하는 방식이 되기도 한다. 같은 행위 속에서도 누군가는 행복감을 느끼지만, 누군가는 좌절을 경험한다. 그 차이는 자신이 추구하는 세계, 나의 의지를 투영하기 때문이다.

높은 차원의 행복을 영위하려면 내가 파악한 의지가 지금 어디를 향하고 있는지를 고려해야 한다. 욕망에 사로잡히지 않기 위해서는 늘 그것에 대한 깊은 성찰이 필요하기 때문이다. 반면 성찰 없이 고통에 대한 거부감으로 단순한 쾌락에만 접근하거나 물질에 대한 소유욕이 끊임없이 반복되면 결국 삶은 권태에 빠지고 만다.

더 많은 부와 명예를 가지게 되면 인간은 행복할까. 사실 단순히 행복의 크기를 키우는 것보다 괴로움의 정도를 낮추는 일이 인생을 더 현명하게 살아가도록 돕는다. 사사로운 감정, 맹목적인 욕심 앞에서 무심할 수 있어야 자유로울 수 있다. 자유롭다는 것은 자기중심적인 생각에서 벗어나 더 넓은 세계를 볼 수 있다는 것을 의미한다. 그렇게 되면 기존에 인식하지 못했던 세계가 열리게 되고 내가 보지 못했던 타인의 슬픔과 스스로에 대한 만족감 같은 것도 비로소 알 수 있다.

제아무리 큰 노력과 의지라도 완전한 행복을 가져올 순 없다. 행복이란 늘 번거로운 다른 무언가와 함께 우리를 찾아오기 때문이다. 우리는 그것을 소유하고 지켜나가기 위해 또 다른 의지를 삶에 투영시켜야만 한다.

그 반복을 통해 권태감을 느끼고 그 권태 속에서 새로운 원동력과 기존 생활의 감사함을 조합하며 다시금 자신을 이끌고 나아가는 것이 바로 삶의 지혜이다. 단지 언제나 고통스러운 이들은 그 과정을 고난으로 인식하는데 그치고 현명한 이들은 고통의 본질을 덕을 행하기 위한 과정으로써 받아들이고 인내해갈 뿐이다.

아포리즘 05

인생의 자유로움은
현재에 있다

의지의 존재를 느끼는 것은 지금의 나여야 한다. 현재의 신체가 실재하는 감각을 느끼며 살아가는 것이 중요하다. 그러나 인간은 때로 기억과 예견에 의해 현실의 감각을 잃어버린다. 과거의 영광을 현재의 고통과 비교하며 실의에 빠지기도 하고 너무 먼 미래의 꿈을 지금 나에게 투영하며 일상의 감사함을 외면하기도 하는 것이다.

인간은 이성적으로 완벽하지 않은 존재이기 때문에 그런 흔들림을 경험하는 것은 어쩌면 당연한 일이겠다. 그러나 현재의 나를 부정하는 순간 우리는 의지의 객관성을 잃고 희망이라는 끈을 따라 맹목적으로 달리는 존재로 전락할 위험이 있다.

일어나지 않은 일을 미리부터 전전긍긍하며 불안해하지 말아야 한다. 과거에 일어난 사건에 집착하여 오늘을 잃어버리지 말아야 한다. 인생의 자유로움은 늘 현재에 있기 때문이다. 지금 초라하지 않다고 생각해야 과거든 미래든 나에게 떳떳할 수 있다.

'오늘의 나'의 자존감을 지키는 방법은 고통을 인정하

고 때로 초연해지며 구조적으로 건강한 나의 세계를 유지하는 것이다. 내려놓을 것은 내려놓고 너무 멀리 있는 것에 대해서는 마음을 쏟지 않는다. 지금의 나에게 집중한다. 그러한 현실에 대한 집중이 흘러가는 의지를 나에게 걸맞은 방식으로 맞추어가는 실천인 것이다.

아포리즘 06

형태보다
성질이 중요하다

인간의 본질 중 하나는 유일한 자아를 확인하고 싶어하는 욕망이다. 하지만 종종 자신의 고유함을 증명하기 위해 다른 무엇과 스스로를 비교할 때 우리 삶은 고통스럽다. 그것은 중심이 내부가 아닌 외부의 요소로 더 많이 옮겨 갔음을 의미한다.

나와 비슷한 나이대의 사람들이 지니고 있는 것, 보통의 사람들이 누리고 있는 것, 성공이라고 하는 일반적인 틀을 위한 것에 지나치게 자신을 투영하고 그 속에서 권위와 만족감을 획득하려고 하다 보면 정작 중요한 자기 인생에 대한 주관, 자기 삶에 대한 의지의 힘을 잃어버리기 쉽다.

대개 그 고통은 외부로 드러나는 형태에 집착하는 경향이 있으나, 결국 인생을 나답게 가꾸어가는 과정은 형태가 아닌 성질이 더 중요하다는 것을 잊지 말아야 한다. 타인과 나를 비교하는 것으로 얻게 되는 열등감은 때로 나를 자극시키는 원동력이고 촉매제가 되기도 한다. 하지만 그러한 힘에 너무 자주 기대다 보면 외부와의 비교를 통해 얻게 되는 정보에 매몰되어 나를 판단하게 된다.

내 삶의 기쁨, 내 삶의 슬픔을 타인의 판단에 의존하여 판가름하는 것은 옳지 않다. 인간의 활동 중 높은 차원의 인식은 사색을 통해 이루어지며, 올바른 사색이란 외부의 세계가 아니라 내면을 향해 뻗어 나가는 행위이다. 즉 무언가와 비교하여 상대적 우위를 점유하는 것으로부터 얻는 기쁨이 아니라 그저 독립적으로 나는 나대로 올곧을 수 있는 마음가짐을 지닐 때 진정한 행복의 길이 열린다는 뜻이다. 그것이 어려운 것은 습관적으로 마음이 외부와의 비교와 갈등을 원하기 때문이다. 비교를 통해 얻는 사회적 정보가 가장 쉽게 대상을 판단할 수 있는 기준이기에 그렇다.

비교보다는 직관과 사색의 힘으로 차근차근 내 결정과 판단을 이행해 나가야 한다. 그것이 반복될 때 인간은 누군가의 인정 없이도 스스로 행복할 권한을 지닌다. 결국 자기 자신으로서 자유롭게 삶을 살아가는 기쁨과 외부의 세계와 비교하며 끊임없이 정신을 속박당하는 불행은 어느 한 순간에 이루어진 일이 아니라 꾸준히 생각의 방식을 적립해온 결과인 것이다.

아포리즘 07

불안과 사랑은
공존한다

인간은 자주 불안함에 휩싸인다. 아니, 늘 무의식적으로 불안함을 느끼고 있다. 불안은 어디에서 오는가. 인생에는 다양한 경로의 불안이 있다. 평균 이상이 되지 못할 것에 대한 두려움, 나다움을 잃어버릴지도 모른다는 걱정, 다수에 속하지 못할지도 모른다는 소외감. 전부 나열하기도 어려운 걱정과 고민거리가 우리 앞에 있다. 그 모든 걱정의 중심에는 정답, 진리, 정확함에 대한 욕망이 있다.

우리는 정확하게 알고 싶어서 고통을 느낀다. 그러나 인생에 늘 올바른 진리란 존재하지 않는 법이다. 진리를 말하는 자도 모두 나름대로의 오류를 지니고 있다. 세상 자체가 완전하지 않으니 거기에 속한 한 명의 인간 또한 언제나 불완전함으로부터 자유로울 수는 없는 것이다. 어쩌면 불안하다는 것은 이 세상을 제대로 인지하면서 사고하고 있다는 증명이다. 모든 것을 알 수 없고 앞날을 완벽하게 예측할 수 없다. 오직 자신의 삶을 체험하고 있을 뿐이다.

평화는 그 불안과 전혀 동떨어진 영역이 아니다. 몸과 마음의 올바름을 함께 이루어야 건강한 삶을 꾸려 나갈 수 있듯 평화와 불안은 인간이 살아가기 위해 적절한 다루어야 할 도구이자 동반자인 것이다.

사실 불안을 다스리는 방법은 그리 대단한 것들이 아니다. 간간이 느껴지는 불안한 감정 앞에서 개인의 역할은 자기애에 대한 흥미를 지켜 나가는 일로 충분하다. 나를 충분히 사랑하고자 하는 욕망이 있기 때문에 불안도 있다는 것을 명심해야 한다.

아포리즘 08

의지의 객관화를 지향할 때 자유로워진다

인간이 괴로운 것은 의지를 지니고 있기 때문이다. 그 의지란 자연적으로 일어나는 현상과는 다르다. 비가 오는 그 현상 자체는 의지가 아니다. 그러나 비가 오기 때문에 내 안에서 일어나는 어떤 변화나 느낌은 의지라고 볼 수 있다.

의지는 신체와 감각에서도 드러난다. 우리는 의지를 지니고 있기 때문에 자연적으로 흘러가는 시간 속에서 희로애락을 경험한다. 어떤 현상에 대해 나를 만족시키는 것과 만족시키지 않는 것으로 구별하며, 의지를 너무 강하게 투영하면 인간은 아집에 빠지게 된다. 아집은 가장 무거운 고통이다.

때로 한 명의 인간으로서는 어쩔 수 없는 일들이 있다. 그것을 있는 그대로 받아들이지 못하고 집착하게 되면 많은 것이 흔들리는 법이다. 맹목적 의지가 발현될 때, 인간은 그것을 객관화하는 일에 집중해야 한다.

자신과 현 상황에 대한 객관적 인식이 없는 의지의 추종은 고착되고, 집착이 되어 결국 절망에 빠지는 과정으로 이어지기 때문이다. 심지어는 그 의지에 대한 맹목성으로 인해 타인을 미워하고 세상을 비관하게 되기도 한다. 고통으로부터 자유로워지고자 한다면 세상을 더 멀리 넓게 보는 법을 배워야 한다. 그것이 바로 내 의지를 건강하게 소화하는 방법이다.

그렇다면 의지의 객관화란 무엇인가. 쇼펜하우어는 그것을 높은 차원의 행복으로 정의하고 있다. 인간이 인식하는 의지는 모두 표상으로서의 세계이다. 의지 그 자체를 순수하게 바라볼 수 없다는 뜻이다.

그러한 인식 중에서도 조금 더 순수한 의지에 가까운 형태를 취하고 있는 것이 높은 의지의 객관화 단계다. 이를테면 의지가 객관화되는 단계 중에서도 가장 높이 있는 것을 '이념'이라고 부른다. 이념이란 표상과 의지를 이어주며 의지와 가장 가까운 인식이다. 그것은 고통을 초월한 형태의 현상이다. 정신적으로 매우 고양된 상태이며 동양의 가치관에서는 이념에 대한 인식을 '무아의 상태'로 칭하기도 한다.

그것은 작은 형태나 감정, 사물에 치우치지 않고 조용히 세계를 관조하는 행위이다. 무아의 상태에서 인간은 완전히 자유로워지는 경험을 얻을 수 있으며 그것은 본질을 꿰뚫어보는 행위를 실천하는 힘으로 돌아온다. 사소한 것에 시시비비하지 않고 어떤 개념에 치우쳐 순수함을 잃어버리지 않는 일, 이기심을 버리고 대상을 있는 그대로 순수하게 바라보는 정관을 기르는 것이 의지의 객관화에 이르는 길이라고 볼 수 있다.

이념을 온전히 바라보고 무아의 상태에 이르기까지는 무수히 많은 정신적 수련이 필요하다. 정신적 수련으로는 대상과 잠깐 거리를 둔 채로 눈을 감고 명상하는 행위가 일반적이다. 이를 통해 오직 하나의 관점만이 아닌 여러 가지 면을 고루 느끼고 이해하는 힘을 기를 수 있다. 집착하고 싶지 않다면 쉽게 단정 짓지 말고, 자유로워지고 싶다면 마음에 한 걸음 떨어져 한 호흡의 여유를 선사할 수 있어야 한다. 마음을 왜곡하지 않고 있는 그대로 바라보는 힘, 그것이 평정심이다.

아포리즘 09

우리는 모두
각자의 이유로 슬프다

쇼펜하우어는 공감과 연민을 삶이라는 고통의 바다를 함께 헤엄쳐 나아가고 있는 동료로서 타인을 인식하는 것이라 하였다. 그러한 의지는 맹목성에서 적절히 거리를 유지하며 내 중심 안에서 발현되고 있는 건강한 몸과 마음의 활동이다. 삶은 본질적으로 권태와 괴로움을 동반하고 있기 때문에 인간은 아가페적인 사랑의 의지를 지속적으로 느끼고 공유하면서 고통을 함께 나누어야 할 필요가 있는 것이다.

모든 인간이 위대한 종교인처럼 삶을 애틋하게 바라볼 수는 없을 것이다. 그럼에도 최소한 인생의 고통이란 나에게만 있는 것이 아니라 모든 이에게 다양한 모습으로 적용되고 있음을 알고 객관성을 유지할 수 있어야 한다. 공감과 연민이란 바로 내가 느끼는 세상의 통증과 타인이 느끼고 있는 괴로움이 혼재하고 있음을 인지하는 조심스럽고 겸손한 의지인 것이다.

우리에게 공감과 연민이 있다면 타인을 보호하는 것뿐 아니라 나의 삶 역시도 건강해진다. 주변을 동료로 인식하고 타자의 아픔을 헤아려보고자 노력하면 세상의 고통 중 상당수는 어느새 자연히 흘러가버린다.

쇼펜하우어는 이를 동고의 마음이라고 표현했다. 모두의 삶에 고통이 있음을 인식하였기 때문에 그의 철학은 염세주의로 불리고 있다. 그러나 삶에는 오직 고통만이 있다고 보는 것이 쇼펜하우어의 시각이라고 해석하기에는 무리가 있다. 오히려 모두가 자신의 슬픔을 지니고 있기 때문에 인간은 아가페적인 사랑을 서로에게 베풀어야 한다는 것이 쇼펜하우어의 주장이다.

가능한 한 서로에게 다정해야 한다. 자기중심적인 세계에서 벗어나 삶을 애틋하게 바라보는 행위가 고통을 줄여주기 때문이다. 인간은 서로를 순수하게 동정해야 한다. 그 자비로운 마음가짐만이 의지의 작용을 있는 그대로 느끼도록 돕기 때문이다.

아포리즘 10

내면의 안정은
우연히 일어나지 않는다

삶의 진정한 기쁨은 욕망의 축적이 아니라 내면의 안정에 달렸다. 인간은 어느 정도 삶의 안정성을 확보하게 되면 욕망의 부피를 늘려간다. 그 욕망이 끝도 없이 커져갈 때 삶에 대한 권태도 함께 늘어간다. 삶에 꼭 필요한 것을 넘어선 재화는 쾌락이 아니라 집착을 불러일으키고 결국 쓸모를 넘어선 소유로 인해 인간은 욕망에 사로잡히고 말 것이다.

욕망이란 비단 사물에 국한되지 않는다. 누군가에게 그럴싸하게 보이고 싶다는 마음도 욕심이며 사회적으로 명예를 얻고자 하는 마음도 역시도 마찬가지이다.

나를 알지 못하는 다른 무언가의 마음에 들어가고자 하는 것은 얼마나 어리석은 일인가. 삶이 불행한 이유는 더 가지지 못해서가 아니라 내면의 만족을 찾지 못해서다. 그것은 재화로 살 수도 없는 것이며 누군가로부터 빼앗을 수도 없다. 오직 나만이 내 진정한 안정을 발견할 수 있다. 결국 내면의 안정이란 것은 자기만족을 느낄 줄 아는 마음가짐이며, 그 태도는 지속적이며 일관되게 나를 즐겁게 하는 자극이 되어줄 것이다.

내면의 안정은 우연히 일어나는 것은 아니다. 그것은 나에게 지속적으로 덕을 행할 때 얻을 수 있는 성취이다. 지금 내 삶이 지향하는 바, 즉 의지의 현상이 나를 자유롭게 하는 것인지 혹은 나를 고통스럽게 하는 것인지 계속해서 스스로에게 질문을 던져야 한다. 이러한 자기 세계에 대한 호기심은 누군가가 가르쳐주는 것이 아니고, 억지로 시킬 수도 없는 숭고한 의식이다.

스스로에게 질문을 던지다 보면 어느새 답이 아니라 그 질문의 출발점에 대해서도 고민해보게 되기 마련이다. 대답이 아니라 질문에 대해서 고심하여 내 삶에 질문을 실천하는 일이 중요하다.

이처럼 쇼펜하우어의 철학은 불교의 정신과도 연결되어 있다. 해탈이라는 것은 무엇인가. 그것은 모든 것으로부터 완전히 고립되어 홀로 존재하는 것이 아니다. 자신에게 끊임없이 생성되는 의지의 움직임들을 집착이 아닌 형태로 읽어내어 내 삶에 온전히 실천하도록 하는 행위가 바로 해탈인 것이다.

기존 이성 중심의 철학과 쇼펜하우어의 철학 사이에서 뚜렷한 차이점 하나를 꼽자면 바로 직접 자신의 신체로 철학적 이념을 실천해야 한다는 부분이다. 해탈이란 괴로움에서 벗어나기 위한 수행의 자세이다. 내면의 안정을 얻기 위해서는 그저 불안과 집착에 대해 고뇌하여 머물러 있는 것이 아니라 실천을 통해서 더 나은 방법을 모색해 나가는 일이 중요하다.

아포리즘 11

즐겁게 살아간다면
대부분이 자연스러워진다

고통이 닥쳤을 때 그 괴로움에서 쉽게 빠져나오지 못하고 허덕이는 경우가 있다. 관계의 단절, 개인적인 좌절, 사랑의 결핍 같은 일은 대개 인간에게 만족과 결핍을 동시에 선사하는 계기가 된다. 그러한 고통은 빠르게 잊히지 않고 주관을 흔들어 놓는다.

인간은 그 과정에서 대체재를 찾기 위해 짧고 강렬한 쾌락으로 눈을 돌리기도 한다. 그러나 도피성 쾌락은 향이 짙은 만큼 빠르게 지나간다. 지속적으로 충만한 것이 아닌, 짧은 쾌락에 사로잡혀 충족과 결핍을 반복하게 되면 인간은 깊은 고뇌에 빠진다.

쾌락으로 인한 충족으로는 만족과 자신감을 얻을 수 없고 궁극적으로는 결핍의 악순환을 가져온다. 그 감정은 나를 행복하게 하는 것이 아니라 더욱더 외롭게 하고 말 것이다. 잠깐의 충족 이후에 느껴지는 공허함은 고통을 계속해서 연장하며 결국 그 총량을 늘려가는 악순환의 반복일 뿐이다. 우리는 그러한 욕망 앞에서 과연 그 의욕의 진짜 주인이 누구인지 고심해야만 한다.

객관적 바라보기, 연민하기, 고뇌하기 그러한 인간의 건강한 의지를 통해서 표상적인 단계의 욕망을 넘어 더 깊은 차원의 목마름을 해소하기 위해 노력해야 한다. 욕망의 크기는 줄이고 그 의미에 대해서 더 집중하다 보면 인간은 단기적 충족과 결핍이 아닌 지속적인 만족에 가까워질 수 있다.

공허함을 극복하기 위해서는 결국, 세계는 나의 표상이라는 인식을 받아들여야 한다. 내가 감지하는 것, 내가 느끼는 것은 진정한 쾌락 그 자체가 아니라 그것이 내게 즐거움을 준다고 느끼는 인식이다. 마찬가지로 나를 외롭게 하는 것 또한 그 자체로서 이미 결핍된 것이 아니라 그것이 내 삶을 외롭게 만든다는 인식에서 시작된다.

대상의 본질, 즉 의지 자체는 변화시킬 수 없지만 그것에 대해서 우리가 인식하는 행위와 감각은 훈련을 통해서 변화시킬 수 있다. 표상으로서의 세계는 하나의 관점에 국한되지 않기 때문이다.

분명 인간에게는 한계가 있다. 그렇기 때문에 쉽게 인식을 변화시키거나 넓은 관점을 지니기 어려우며 더 나은 현상으로의 개선을 경험하는 것이 쉽지 않다.

누구에게나 고통이나 결핍이 점차 내 삶에 융화되어

자연스럽게 삶에 녹아든 경험이 있을 것이다. 어느새 돌아보면 과거의 이름 모를 하나의 사건으로 흐려지거나 지금은 어렵지 않은 감정이 그때는 왜 그렇게나 소화하기 어려웠던 것일까 하는 의문이 드는 순간들 말이다.

인간이라면 누구나 자연스럽게 자신의 세계를 확장해가고 그 과정에서 인식의 관점도 더 나은 방향으로 자신도 모르게 진보해가게 된다. 결핍과 외로움 그 자체를 극복하기 위해 애쓰는 것이 아니다. 보다 큰 의미로 나아가기 위해 자연스럽게 관심을 넓은 영역으로 옮겨가는 것이다. 자신에게 다정하다 보면 어느새 수많은 고통과 결핍이 자연스레 해소되는 경험을 얻게 된다.

아포리즘 12

죽음 앞에서
현명하게 살아가는 법

죽음 앞에서 모든 존재는 공평하다. 다만 현명한 존재는 담담하게 그것을 받아들일 줄 안다. 역설적이게도 순수한 행복을 느끼며 살아가는 사람들은, 자신이 감당할 수 있는 고통을 성실히 인내한 존재들이다. 지혜로운 사람은 자신을 기쁘게 만드는 방안으로서의 고통이라면 마땅히 인내할 줄 알고, 반대로 그 고통이 자신의 삶과 너무 다른 곳을 향한다면 과감히 내려놓을 줄 안다.

지혜로운 삶이란 내 인생의 방향에 맞추어 몸과 마음이 함께 가는 과정이다. 현명한 삶 속에는 막연한 희망이라는 것이 없다. 그들이 자연히 꿈꾸는 희망에는 실천적 의지가 있기 때문에 구체적이며 실천 가능한 가치이기 때문이다. 막연한 희망보다 순수한 고통이 인간을 선명하게 만든다. 고통 속에서 인간은 자신이 지니고 있는 기질, 성격, 본성을 객관적으로 알 수 있다. 그 과정을 발전시키면 나를 성장시키는 고통과 나를 억누르는 고통에 대해 알 수 있는 직관적인 판단력을 지니게 된다.

결국 현명하게 살아가는 방법이란 스스로 현실을 인

내하거나 그만 내려놓는다는 결정을 지을 수 있는 판단력에 달려 있다. 인생을 어떻게 기억할 것인지는 다름 아닌 나에게 달려 있기 때문에 눈앞의 현실을 어떻게 살아갈지에 대한 권한도 나에게 달렸다.

누구나 죽음 앞에서 평등하다. 죽음이 오기 전 가능한 한 자신의 욕망을 실천하고자 하는 태도를 지니고 있다. 하지만 죽음 이전에 더 많은 의욕을 실천한다 하더라도 그것이 더 좋은 삶인지 나쁜 삶인지 판가름할 근거가 되는 것은 아니다. 좋은 삶에 대한 근거는 주체인 나의 인식에 있을 뿐이다.

정신적 성숙 없이 막연한 부의 축적으로 죽음 앞에 떳떳한 존재로 거듭날 수 있을까. 노년의 삶에 다가설수록 자신이 집착하던 많은 것이 실은 인생에서 그리 중요하지 않았다는 깨달음을 얻게 되고 대부분의 집착에서부터 무던해진다. 그 무던함이 삶을 너그럽게 살아가는 비결이다. 죽음이라는 초월적 대상에 가까워질수록 자잘한 이기심이나 욕망들은 덧없어 보이기만 할 뿐이다.

아포리즘 13

각자의 기질이 이끄는 대로 삶을 살아갈 뿐

모든 인간의 삶에는 그 자체로서의 의지가 존재한다. 인간에게는 저마다 기질과 성격이라는 특수한 의지가 내재되어 있다. 모든 의지가 그 자체로 동일하지 않고 그 의지를 표상으로 인식하는 관점 역시 다르기 때문에 한 명의 사람에게는 유일한 세계가 존재하며 모든 이의 삶은 각기 다른 세상으로 존중받아야 한다.

사회적인 기준은 하나의 지표일 뿐, 내 삶에 중대한 이정표가 되어주지는 못한다. 모두의 고통이 나의 고통과 완전히 동일하지 않고 내 욕망의 성격이 사회의 성공과 완벽히 부합될 수 없기 때문이다. 행복과 불행 역시도 마찬가지이다. 개인이 지닌 기질에 따라 낙천적으로 살아갈 수 있다면 사회적인 명상과 기준에 애써 부합할 필요가 없는 것이다. 행복과 고통은 지극히 개인적인 인식이기 때문이다.

인간은 스스로 자유의지를 지니고 있다고 쉽게 착각하지만 사실은 타고난 나의 기질에 의해서 삶의 중대사가 결정되기 쉽다. 그것은 자신도 모르게 나에게 큰 영향을 끼치고 있기 때문이다. 인간의 관점으로는 본래 나에게 내재되어 있는 자연의 의지를 완전히 헤아리지 못한다.

사회적으로 좋은 직업을 가진 사람이 갑작스레 시골로 내려가 전원생활을 즐긴다거나 순탄한 현재의 커리어를 포기하고 더 큰 세상으로 도전하고자 유학을 떠나는 일 혹은 그보다 더 큰 의외의 사건이 벌어질지라도 그것이 내 의지의 구체적인 움직임이라고 마땅히 받아들일 수 있다면 인간은 행복할 수 있다.

기존 사회의 관점에서 보았을 땐 무모하고 합리적이지 않은 선택일 수도 있지만 행위의 중심에 있는 이들에게는 아주 자연스럽고, 심지어는 어쩔 수 없는 의지의 움직임이기 때문이다. 그러니 지금 내 결정이 사회적 행보와 다르다고 해서 눈치 볼 필요가 없다. 대부분의 세상에 나를 맞추는 것이 아니라 나의 세계에 알맞은 인물로서 행보를 지속할 수 있다면 그것이야말로 훌륭한 인생이라고 볼 수 있다.

아포리즘 14

서로에 대한 존중이
관계의 힘이다

인간이라면 누구나 친근감과 호기심을 바탕으로 가까워지고 싶은 타인이 생기기 마련이다. 혹은 구체적인 감정이 존재하지 않았음에도 우연한 사건에 의해서 친구로 관계가 발전될 수도 있다. 일단 관계가 형성되고 나면 삶이 그렇듯 관계에도 자연스러운 고통과 갈등이 따른다. 각자가 지닌 마음의 상태가 늘 다르기 때문이다.

쇼펜하우어가 생각하는 우호적인 관계란 적당한 거리를 유지하는 안정감을 바탕으로 한다. 즉 서로를 향한 진정성을 유지할 수 있을 때, 알맞은 관심과 무관심이 건강한 관계를 형성하는 비결이 된다.

사실 좋은 관계를 유지하기 위해서 타인의 삶에 대해 지나치게 많이 알 필요는 없다. 너무 많이 알려고 하는 시도가 자칫 관계를 위협한다. 오히려 관계의 지속성을 부여하는 힘은 양질의 고독에 있다. 독립된 생활의 안정성이 더불어 살아가는 일에도 단단함을 더해준다.

절적한 관계 유지는 상대방에 대한 존중에서 비롯되며 그 존중은 서로에 대한 진정성을 느낄 때 가능하다.

진정성이 있다면 순간의 감정으로 상대를 쉽게 판가름하지 않으며 표면적인 말의 형태보다 그 너머의 본질을 고려할 수 있다.

잘 만나는 것만큼이나 중요한 것은 잘 다투는 일이다. 서로에게 상처를 주기 위해서가 아니라 더 적절한 관계를 향해 나아가는 방식으로서의 다툼이 서로를 더욱 온전하게 만든다.

나와 타자에 대한 존중은 성격과 성향의 문제에 국한되지는 않는다. 건강한 사람이라면 자신과 전혀 다른 방식으로 삶을 지향하는 사람에 대해서도 너그러운 마음을 지닐 수 있다. 한 명의 사람이 하나의 세계라서 상대를 인식하는 행위는 또 하나의 문화와 가치를 인식하는 것이기 때문이다. 따라서 관계 유지는 '나와 잘 맞는지 여부'가 아니라 '상대방을 존중할 수 있는지 여부'로 결정된다.

스스로의 기질과 독립성에 대해 이해할 수 있을 때 상대방에 대한 존중도 가능해진다. 결국 관계 유지란 취향과 관점의 차이와는 무관하게 서로가 서로를 온전히 바라볼 수 있는가에 대한 물음과도 긴밀하게 연관되어 있다.

아포리즘 15

내가 생각하는 방식으로
고통이 결정된다

인간은 고통 그 자체가 아니라 고통의 표상으로부터 더 큰 상처를 입는다. 살아 있는 존재라면 고통이란 거부할 수 없는 것이기에 진정 행복하기 위해서라면 고통 그 자체를 회피하는 것이 아니라 고통의 표상, 즉 고통을 느끼고 받아들이는 방식에 더 많은 관심을 쏟아야 한다.

나를 아프게 하는 것은 다양하다. 예를 들어 우연히 새똥을 맞았다고 가정해보자. 이를 자연적으로 일어난 사건이라고 생각하는 것과 하필이면 나에게 떨어져서 오늘 내 하루의 기분을 망치게 되었다고 원망하는 것은 분명 차이가 있다.

표상에 대한 인식은 결국 내가 세계를 바라보고 느끼는 것 자체를 결정한다. 내면에서 일어나는 자연적인 욕망 혹은 외부의 세계에서 나에게로 전해지는 자극, 이것들 중 내가 그것의 발현 자체를 제어할 수 있는 경우는 극히 드물다. 결국 일어난 일에 대해서 어떻게 받아들이고 대처하는지가 표면적으로는 오늘 하루의 느낌을, 근본적으로는 삶 전체의 느낌을 좌우하는 중대한 역할을 한다.

아포리즘 16

모든 것은
지극히 개인적이다

세계는 나의 표상이다. 우리가 인식하고 느끼는 이 세계는 표상으로서의 세계인 것이다. 쇼펜하우어는 우리가 살아가는 모든 세계, 즉 보고 느끼고 만져지는 모든 것은 인식함으로써 드러난 것으로 받아들여진다. 그것이 진실인지는 영원히 알지 못하지만 인간으로 태어났기 때문에 자신의 주관으로 세계를 인식하여 그 표상을 느낄 수 있다는 의미이다. 이는 모든 객관적 사실과 사물 역시도 인간이라면 그것을 자기 주관으로 인식한다는 뜻이기도 하다.

따라서 우리가 고통의 표상을 인식하여 그것으로부터 의지의 객관성을 확보하려는 모든 행위 자체가 자신의 주관으로 비롯된다. 쇼펜하우어는 주관이 없다면 객관성 또한 상실된다고 보았다.

그러나 그는 주체가 있기 때문에 객체가 있다고 주장하지는 않는다. 그것은 서로 영향을 주고받을 수밖에 없기 때문에 서로 동시에 존재하고 있는 것이다.

언제든 어디에든 주체가 있고 객체가 있다. 그렇기 때

문에 모두가 자기 주관을 가지고 존재하는 동시에 사회라는 공동체를 이루며 나름의 객관성을 법과 도덕으로 정의하며 더불어 살아가는 것이다. 내가 있기 때문에 타인이 존재하는 것은 아니다. 내가 있고 타자 역시 그저 존재하고 있을 뿐이다. 모든 것이 동시에 맞물려 있다.

아포리즘 17

한계가
인간을 겸손하게 한다

오직 인간만이 자아를 지니고 진실을 탐구한다. 그리고 그 진실은 내가 지닌 주관을 통해 드러나기 때문에 우리는 영원히 진실의 진짜 모습을 보지 못한다. 철학이라는 학문의 본질은 우리가 바라보는 세계가 과연 진실한 것인지에 대한 탐구이다. 내가 자아를 인지할 때 다른 대상을 나와 구분하지만 우리는 나의 진짜 모습과 다른 대상의 진짜 모습을 알지 못한다. 그럴 것이라고 자신의 인식과 근거를 통해 파악할 뿐이다.

인간에게는 인식의 제한된 영역 그리고 주관으로 인해 배제된 영역이 있기 때문에 경험으로 알 수 있는 것은 자기 자신의 인식에 따라 달라질 수 있다. 같은 경험을 하며 자랐다고 해도 그것을 느끼고 돌아보고 삶에 적용하는 것이 달리지는 이유는 바로 그러한 인식의 한계 때문이다.

인간에게 인식의 한계가 있다는 사실을 인정하고 나면 자연히 스스로를 반성하고 돌아보는 겸손함 또한 지니게 된다. 자신이 느끼고 바라본 세계가 실재하는 전부가 아니었음을 알고 나면 내가 맞다, 틀리다, 그렇다, 아니다, 판단하고 행했던 모든 것에 조금씩 의문이 들 수밖에는 없는 것이다.

또한 오직 인간만이 이러한 인식의 한계를 경험하고 스스로에게 반성이라는 능력을 허용한다. 인간이 특별한 존재라고 다른 개체와 구별하여 자신을 인식하는 이유는 그 자신이 지닌 뛰어남과 월등함이 아니라 인식의 한계를 인정하는 겸손한 자세에서 출발하는 것은 아닐까.

아포리즘 18

나에게 있어
소중하다는 것이 중요하다

대신할 수 없는 것은 인간의 내면 안에 존재한다. 대신할 수 없다는 것은 객관적 사실로 그 우위를 비교할 수 없는 것이다. 공교롭게도 그것은 누군가에게 초라해 보이고 별 볼 일 없어 보이는 것일 수도 있다. 그런 그것이 오직 자신에게는 소중한 가치를 지닌다. 우리는 그것을 마음속에 품고 있다. 이 점이 바로 진정한 행복에 관한 실마리이다.

오로지 내면 속의 가치만이 탐욕과 허영심이 아닌 순수한 기쁨을 전해준다. 이는 곧 자신이 지닌 본질과도 연결된다. 타인의 견해나 사회적 가치보다 자신이 지니고 있는 본질이 내면의 가치를 알아보고 판단하기 때문이다.

비록 다른 이들은 인식의 한계로 인해 내가 지닌 내면의 아름다움에 대해 무지할 수 있어도 자신만은 그 가치를 알아볼 수 있다. 자기 스스로 자기 안에 있는 소중한 무언가를 인식하고 이해한다는 것은 위대한 발견이다. 가장 소중한 것은 외부가 아니라 이미 우리 안에 있다는 사실을 명심해야 한다.

아포리즘 19

고독과 정신

고독감을 어떻게 받아들일 것인가. 어쩌면 인간에게 고독과 외로움이란 '평생 동안 내면을 돌아보게 하는 친구'라고 볼 수 있다. 때로 사람들은 고독을 해소하기 위해 모임에 나가기도 하고 내 정신을 쏟을 무언가를 찾아 애써 시선을 돌리기도 한다. 내면의 고독과 외부의 자극이 조화롭게 어우러지면 인간에게 외로움은 더 이상 괴로운 느낌이 아니라 신선한 자극이며 촉매제일 수 있다.

그러나 자칫 고독 자체를 맹목적으로 외면하기 위해 다른 곳에 정신을 쏟게 되면 균형은 무너지고 자신의 소중한 인격이자 친구를 잃어버리는 꼴이 되고 만다. 흔히 고독을 홀로 남겨진 독립적 외로움의 형태로 오인하는 경우들이 있는데, 고독이란 혼자서 느끼는 것이기도 하며 다른 외부의 자극을 통해서 느끼기도 한다.

누구나 고독을 느끼며 그 감각으로 자신을 읽어 내려간다. 타자와의 교류, 외부의 자극을 통해서 내 감정을 읽고 소화해내는 과정은 건강한 관계의 필수적인 요소이며 그것은 혼자이든 누군가와 함께이든 상관없이 내 안에서 일어나고 있는 정신적 활동이다.

현대인에게 고독이란 외로움이 아니라 스스로 생각하고 고심할 수 있는 힘이라고도 칭할 수 있다. 내부 혹은 외부에서 일어나는 다양한 느낌을 자기 자신의 언어와 감각으로 읽고 번역해 나가는 과정이라고 생각하면 고독은 더는 두려움의 대상이 아니게 된다. 오히려 고독을 나에게 잘 적용해 발전시켜 나가야 할 습관이라고 생각해보는 것도 좋을 것이다.

아포리즘 20

타인이라는 세계와의 교류

타인과 원활히 관계를 맺으려면 자기 자신의 의지를 객관화하는 것에서 한 걸음 더 나아가 타인의 세계에 대한 인식도 고려해야 한다. 자기 자신의 감정을 있는 그대로 바라보는 데 서투르다면 타인의 감정을 완벽히 헤아린다는 것은 당연히 어려울 수밖에 없다. 그런 사람은 타인과의 관계 자체를 고통으로 받아들인다.

타인과 건강한 관계를 유지하기 위해서는 나에 대해서 깊이 아는 자세가 선행되어야 한다. 내 의지를 조절할 수 있는 힘이 있어야 타인에 대한 내 감정 역시도 다스릴 수가 있다. 내 인식을 관망할 수 있다면 타인에 대한 나의 인식 또한 얼마나 주관적인 것인지에 대해서도 깨닫게 된다. 타인에 대한 느낌은 나의 시선으로 다른 이의 행동을 인식하는 일이므로 함부로 상대방을 단정 짓지 않는 태도가 필요하다.

관계를 정의함에 있어 인식의 주체는 언제나 나이기 때문에 상대방을 배려하는 행위 역시도 결국 나의 인식으로부터 발현된다는 사실을 받아들여야 한다. 배려를 위해서는 내 의지의 객관성을 잃지 말아야 한다. 비록 나에게 상대방은 어려운 사람이지만, 모두에게 그런 사람은 아닐 수 있다.

마음의 문을 닫고 고통의 표상으로만 서로를 인식한다면 관계는 회복되기 어렵다. 지속적으로 마음을 여는 행위가 필요하다. 여기서 마음을 연다는 것은 함부로 그 사람을 단정 짓지 않는 행위이다.

의지의 작용은 객관적으로 인식하되 완전히 그 순간의 감정에 매몰되어 상대를 영영 그런 존재로 확정 지을 필요는 없는 것이다. 이러한 노력은 타인을 이해하려는 행위인 동시에 상대가 나를 이해하도록 허용하는 일이기도 하다.

아포리즘 21

몸과 마음의 합작품,
긍정

행복한 사람은 그에 걸맞은 정신과 신체를 갖추고 있다. 매일 적절한 형태의 에너지를 소비하는 것은 낭비가 아니라 더욱 활발한 생산이다. 내 몸이 견딜 수 있을 만큼 적절한 운동에너지를 발산하고 나면 신체는 피로물질을 더 자연스럽게 분해하게 되고 그중 일부를 다시금 에너지원으로 가져오며 빠르게 회복한다.

정신도 마찬가지이다. 인식이라는 주관을 바탕으로 대상을 다채롭게 객관화해보며 그 면모를 묘사하고 해석하면 그것이 지닌 가치에 대해서 더 깊이 알게 된다. 그것이 바로 사색이며 아주 높은 정신적 활동이다. 사색을 잘 활용하는 사람은 아주 평범한 일상에서도 소중한 기쁨을 곧잘 발견해낸다.

이를 바탕으로 생각해보면 건강한 삶에는 항상 적절한 움직임이 깃들어 있음을 알 수 있다. 비록 슬픈 일이 자신에게 일어난다고 해도 말이다. 활동이 있다는 것은 시간의 무게에 짓눌리지 않고 그것을 자연히 흡수하고 흘려보낼 줄 안다는 뜻이다. 괴로움도 슬픔도 고여 있지 않고 시간의 흐름을 움직여 올바르게 흘려보내는 것, 그것이 고통을 극복해내는 유일한 방법이다.

삶을 온전히 살아내는 재능이란 몸을 적절히 사용하고 정신적 에너지를 마땅히 집중해야 할 곳으로 뻗어가는 일에 달렸다. 원활한 신체의 활동과 정신의 고양은 자신감을 불러일으켜 스트레스에 쉽게 휘둘리지 않는 상태를 만들어낼 수 있다.

단순히 오래 살아남는 것이 건강한 삶은 아니다. 적절히 움직이고, 생각하고, 소비하는 사람이 행복하다.

아포리즘 22

성공과 실패가
중요한 것은 아니다

인생에서 완벽히 동일한 경험을 하는 인간은 없겠지만, 대개 사람의 인생은 비슷한 범주의 흐름을 띠고 있다. 사회적 규약 안에서 인간이 살아가는 방식은 크게 차이 나지 않는다.

사람은 때에 따라 성공하기도 하고 실패하기도 한다. 그러나 어떤 이들은 자신의 삶을 성공의 역사로, 또 누군가는 좌절의 아픔으로 기억한다. 결국 비결은 인식이다. 자신이 인식하는 방식으로 그 삶이 흘러간다. 실패 속에서도 내면에 도움이 되는 자양분을 얻었다면 그것을 실패라고 말할 수가 있을까. 성공이라고 해도 그것이 끝내 편협한 인식으로 변질되어 나의 앞날에 발목을 잡을지 누가 아는가.

인간이 계속해서 무언가를 시도하는 이유는 자신의 인식을 확인하고 싶어서다. 행복에 대한 갈망, 불확실한 미래를 점차 분명한 가능성으로 바꾸고자 하는 욕구는 인간만이 지닌 절실한 의욕인 것이다.

따라서 성공과 실패는 단편적 일화, 사회적 기준으로

구분되어서는 안 된다. 사회적인 성공은 사회가 만든 표상이지 개인의 자연스러운 인식은 아니다. 최선이란 지극히 개인적인 것임으로 사회적 표상에 의해 개인의 삶이 고통받는 것은 옳지 않다. 삶의 만족은 지극히 개인적일수록 숭고하다. 고통에 사로잡히지 않기 위해서 지속적으로 스스로의 의지를 관철하는 인간의 생에는 어떠한 경우에도 실패한 삶이라고 볼 수 없다.

건강한 인생에는 짧게 스쳐 지나가는 성공이 아니라 지속적으로 자신을 이롭게 할 수 있는 만족이 있어야 한다. 그러한 만족은 인식을 통해서 성공과 좌절 어느 곳에서든 얻을 수 있다. 자신감이란 실패를 두려워하지 않는 것이 아니라 그 두려움 속에서도 반드시 배움을 찾아낼 것이라는 믿음이 아닐까.

아포리즘 23

일희일비하지 않아야
덜 괴롭다

쇼펜하우어는 모든 생명에 객관화가 있다고 보았다. 여기서 객관화란 의지가 구체적으로 드러난 형태를 의미한다. 즉 세상에 존재하는 모든 것에는 의지가 있다는 뜻이다.

그러나 쇼펜하우어는 모든 의지가 동일한 것은 아니며 객관화에도 단계가 있다고 보았다. 무기물부터 인간에 이르기까지 객관화 정도는 모두가 다르며 그중에서도 인간은 의지가 가장 객관화되어 있는 존재인 것이다.

또한 의지의 객관화 단계에서 높은 차원에 속한다는 뜻은 그만큼이나 많은 것을 느끼고 투영할 수 있다는 것이므로 고통의 정도도 높다. 세상에 존재하는 모든 존재는 그 자체로서의 고통을 지니고 있지만, 더 많은 의지를 내포하고 있는 인간은 그만큼이나 더 높은 차원의 고통을 경험할 수밖에 없다는 뜻이다. 쉽게 설명하면 식물의 생애 동안 경험하는 의지보다 인간이 경험하는 인식과 표상이 더 크기 때문에 인간의 삶은 더욱 고통에 노출되어 있다고 볼 수 있다.

더 깊은 차원의 무언가를 더 많이 느낀다는 것은 그 표상으로 인한 고통의 소용돌이에 들어선 것과도 같다. 동시에 인간은 인간만이 지닌 고유한 능력, 자신의 내면을 탐구하고 세계의 질서를 이해하고자 돌아본다. 나아가서는 자신뿐만 아니라 타인 혹은 사물에 관하여도 느끼고 이해하려는 행위를 지속한다. 즉 철학적 사고를 통해서 인간은 그 어지러움을 다스리고 조절하며 살아가는 존재인 것이다.

더 많은 것을 느낄 수 있기 때문에 인간은 괴롭다. 그러므로 정작 내가 추구해야 할 관심의 영역이 아니라면 그저 흘러가는 대로 놓아두는 것도 수양의 과정이다. 현상에 일희일비하지 않는 것이 고통을 줄이는 방법이다. 인간은 더 많은 것을 느낄 수 있다고 해도, 내가 진정 마음을 쏟아야 할 곳에 집중하는 연습이 필요하다.

아포리즘 24

자유의지와 딜레마

쇼펜하우어는 성격을 타고나는 것으로 보았다. 즉 성격이란 이미 인간에게 내재되어 있는 의지인 것이다. 인간은 성격을 포함한 수많은 의지를 내포하고 있는데, 그중에는 자유에 대한 갈망도 있다. 여기서 자유란 단순히 육체적으로 묶여 있지 않은 상태뿐 아니라 살아가는 동안 스스로의 의지로 선택하고 결정할 수 있는 마음가짐을 뜻한다.

인간이 지니고 있는 의지는 서로 상충되어 고통을 유발하기도 한다. 예컨대 자유에 대한 의지와 현실에서 깨달은 경험적 인식은 매 순간 부딪히기 일쑤다. 이미 자신에게 내재되어 있는 성격을 바꾸고자 하는 것 또한 이러한 충돌의 일환이다.

인간은 후천적인 노력을 통해 자신의 기존 성격을 자유의지가 바라는 이상향으로 바꾸고자 노력하기도 한다. 쇼펜하우어에 따르면 비록 변화가 가능하다고 해도 기존에 지니고 있던 성격은 계속해서 같은 경향으로 자신 안에 존재하고 있을 뿐 결코 완전히 바뀌지는 않는다. 이러한 고충 때문에 인간은 삶의 고통을 느낀다. 성격을 변화시키고자 하는 시도 또한 의지의 표상이므로 인간을 아프게 하는 원인이 되기도 한다.

이러한 고통을 통하여 인간은 자신의 성격에 대해 완전히 파악하고 싶다는 의욕을 느끼게 된다. 그러나 인간의 고유한 성격 역시도 우리에겐 의지가 실체화된 이미지일 뿐이므로 결코 그것에 대해 완벽히 알 수 없는 딜레마에 빠지게 된다.

그럼에도 불구하고 자신의 성격에 관하여 우리가 어떠한 실마리를 지니고 있지 않은 것은 아니다. 자신이 지닌 본질적인 삶의 의지에 관해서 완전히 헤아릴 수는 없지만, 지금까지의 삶을 돌아보고 현재 자신이 무엇을 원하고 있는지에 대해서는 판가름할 수 있다.

성격, 마음가짐, 삶의 태도와 같은 것들을 마음대로 조절할 수는 없지만 지금 내가 무엇을, 왜 바라고 있는지에 대해서는 그 원인을 규명하는 시도해볼 수 있다. 자신에게 질문을 던짐으로써 맹목적으로 움직이는 의지의 그림자를 순간순간 파악해보는 훈련을 시행하는 것이다.

너무 큰 범주의 의지를 깨닫고 조절하기 위해 고통스러워하는 것보다 현재 내 마음이 왜 이렇게 움직이고 있는지, 당장의 개별적인 원인들에 집중해보고 그 조각을 연결해보는 것이 더 현실적인 고찰의 방법일 수 있다.

아포리즘 25

도구로서의 행복에서 벗어나다

인간이 괴로운 이유는 도구와 목적을 동일시하기 때문이다. 이는 행복하기 위하여 행복을 가지려는 역설과도 연결된다. 행복을 도구로 바라볼 때 우리는 행복에서 멀어진다. 행복이라는 의지를 자신의 것으로 지니기 위해선 어떤 도구를 통해서가 아니라 주어진 그 자체에서 내면의 만족을 얻을 수 있도록 지극히 주관적인 판단이 필요하다.

행복 그 자체를 가지려 갈망할 게 아니라 나를 괴롭게 하는 것들을 건강하게 소화했을 때 행복이 다가오는 것이다. 고통을 배제하는 것이 아니다. 고통이든 기쁨이든 그 안에서 지혜롭게 살아가는 것이 행복하게 산다는 말에 가장 가까운 표현은 아닐까.

인간은 비록 고통에 의해 자신에 대한 앎을 행하는 존재지만, 진정한 고통은 내면을 향하기 위한 것이지 외부의 무언가를 성취하기 위함이 아니다. 행복이 도구화되는 이유는 그것을 성취하면 뭐든 내 뜻대로 이루어질 것이라는 환상 때문이다.

모든 행복은 단계적인 과정의 연속일 뿐, 어느 한 지점으로 그치지 않는다. 심지어 타인에게는 있는 그 도구가 나에게는 없다는 데 좌절한다. 그러나 내 불행은 도구의 부재가 아니라 현상을 고통으로 인식하는 표상에 있음을 다시 한번 숙지해야 한다.

사람에게는 늘 자신이 걸어가고자 하는 방향이 있다. 그 방향은 깊이 바라보면 설령 같은 곳을 향하고 있더라도 전혀 다른 색채와 파동을 지니고 있다. 모든 인간의 삶은 고통을 통해 완성되지만 누구에게나 똑같은 고통은 없다는 뜻이다. 어떤 형태의 행복을 취득할 것인지가 아니라 그것이 없어도 문제될 것 없는 상태를 유지하는 것이 평정심에 다가서는 보다 더 수월한 방법일 것이다.

아포리즘 26

지속하는 것이 곧 승리다

인생에서 중요한 것은 지속하는 힘이다. 특별한 성과가 두드러져 보이진 않더라도 그저 나아가는 대로 하루하루를 살아가고 있다면 그것이 좋은 삶이다. 과도한 변화를 만들어내려고 하다 보면 어색한 움직임이 생긴다. 목표를 점진적으로 이루어가는 것이 중요하다. 한순간의 성공을 꿈꾸는 것은 결국 행복을 수단으로서 쟁취하고자 하는 선부름에 사로잡히고 말기 때문이다.

인식을 자기 스스로의 의지로 완전히 통제할 수 있다는 생각은 내려놓아야 한다. 일순간의 성공을 꿈꾸다 그것에 사로잡혀 나를 잃어버리곤 하는 것이 인간이다. 세상의 이치는 점진적으로 성장과 성찰을 반복하도록 이루어져 있다. 한 번의 기막힌 성공이 궁극적으로 행복을 보장할 수 없다. 그러한 태도를 경계해야만 인생은 덜 불행하다.

행복한 삶을 위해선 성공에 빠르게 다가서는 것보다 지금 자신이 하는 노력이 무엇을 위한 것인지 성찰하는 자세가 더욱 중요하다. 행복은 막연한 추론이 아니다. 그것은 이미 인간이 자신도 모르게 경험하고 있는 것이다. 대부분의 사람은 이를 인식하고 있지 못하지만 어떤 사람은 의지를 보다 더 객관적으로 인식할 수 있다. 이렇듯 자기 스스로를 성찰할 수 있는 사람은, 자신이 이미 행복하기 때문에 주어진 것들에 감사하는 마음으로 하루하루를 보다 더 활기차게 지속하는 방법에 집중한다.

아포리즘 27

내 마음으로
앎에 이를 것

인간은 가끔 자기 삶의 선택을 타인에게 미룬다. 혹은 나에 대한 타인의 판단에 큰 영향을 받는다. 의식은 주관이 있어야 인식되며, 주관은 저마다 다르므로 같은 상황과 대상에 대한 관점과 생각 역시도 달라질 수밖에 없다. 허나 인간은 결코 스스로는 의지를 완벽히 알 수 없기 때문에 타자의 의견에 기대서라도 그것을 보다 더 세밀하게 알고 싶다는 바람이 늘 혼재하는 것이다.

실제로 타인의 견해나 조언이 본인에게 도움이 되는 경우도 많아서 다른 이들의 생각에 귀 기울인다는 사실 그 자체가 문제가 되지는 않는다. 문제는 다른 이들의 생각에 강하게 붙들려 주도권을 상실한 채로 끌려가거나 충분한 비판적 사고도 없이 수용해버리는 태도이다.

나아가 현인의 관점과 조언 역시도 내 상황에 알맞게 조율하여 이해할 줄 알아야 한다. 동서양의 철학자들의 말이 현재 나에게 무조건적으로 도움이 되는 것은 아니다. 서가에서 책을 고르듯 주도권을 유지한 채로 타자의 마음을 들여다보고 밑줄을 그어가며 내 삶에 비추어보는 관조적인 태도가 필요하다.

다른 이들의 생각이 나에게 도움이 되려면, 우선 그것을 적절히 수용하거나 흘려보낼 줄 아는 힘을 갖추어야 한다. 인간의 삶을 이롭게 하는 다양한 도구는 세상 곳곳에 존재하고 있지만, 결국 그 도구를 사용하는 것은 나의 판단과 선택으로 귀결되어야 한다. 눈앞의 결과가 아니라 삶을 넓게 바라보고 내리는 판단, 그것이 훨씬 옳다.

아포리즘 28

우정보다 더욱
중요한 것이 있다

인간은 눈앞의 대상을 보고 인식하고 학습하는 존재이다. 좋은 친구란 내 곁에서 나를 배움으로 이끌어주는 존재인 것이다. 때로는 서로 다른 부분이 있겠지만 그 차이가 주는 영향을 통해서 우정은 더 좋은 상호작용을 일으키기도 한다.

그런데 살면서 우정의 좋은 면만을 경험한 사람은 드물다. 언제나 양면이 있다. 각별할수록 더 많은 애정을 쏟아야 하는 것이 세상의 이치이기 때문이다. 성숙한 사람이 되려면 보다 많은 사유와 노력을 필요로 한다. 하나 인간이 지닌 에너지는 한정적이기 때문에, 인간은 어쩔 수 없이 더 중요한 것과 덜 중요한 것을 판단해야 하며 그 중요도를 바탕으로 행동해야만 한다.

그러다 보면 어느새 우정은 인생의 가장 중요한 요소로부터 멀어질 수도 있다. 나이가 들며 점차 그 사실을 인지하게 되고 그 바람에 죄책감이나 소외감에 빠지기도 한다. 하지만 이는 자연스러운 것이다.

우정이란 서로가 서로의 행복을 위해 적절한 거리에

서 손을 흔들어주고 박수를 쳐주는 것이다. 진정 상대방을 생각하는 사람은 그 사람으로부터 한 걸음 멀어졌다 할지라도 쉽사리 등을 지거나 원망하지 않는다. 진정한 우정이란 서로가 지닌 고마움을 바탕으로 상대의 홀로서기를 진심으로 축복해줄 수 있는 것이다.

아포리즘 29

불행의 그림자로부터 자유로울 것

단적으로 말하면 인생은 행복하기도 하고 불행하기도 한 것이다. 그러나 인간은 불행에 더 많은 감정을 소모한다. 같은 행복과 불행이라고 할지라도 결국 더 강한 인상을 남기는 것은 슬프고 괴로운 사건이다.

고통으로부터 자유로워지는 비결은 미래에 대한 낙관이 아니라 고통을 제대로 마주 보는 것이다. 불행의 그림자에 사로잡히는 이유는 영영 그것으로부터 도망치려 해서다. 달리 말하면 헛된 희망은 인간이 만들어낸 또 다른 고통이므로 불행으로부터 달아나고자 애쓰면 애쓸수록 계속해서 그 생각에 사로잡히게 된다.

문제, 고통, 슬픔에는 있는 그대로를 받아들이고 종종 무심해야 한다. 노력한다고 해서 벗어날 수 없는 범주의 고통이라면 무언가를 탓하기보다 삶은 본래 종종 슬프고 때로는 좋은 일도 있다고 받아들일 줄 알아야 한다. 그것이 담대함이다.

이러한 태도는 다소 냉소적이라고 비판받기도 하겠지만, 오늘날 사람들이 더욱 큰 고통에 허우적대는 이유는 고통을 있는 그대로 바라보기 때문이 아니라 지나친 행복을 향해서만 달려가고 있기 때문이다. 우리는 심지어 자기 자신에 대해서도 적절한 거리를 유지해야만 한다.

행복이라는 단어가 우리를 진정한 행복으로부터 멀어지게 한다. 행복이든 불행이든 자신에게 일어난 사건으로부터 삶의 본질을 깨닫고 조금 더 홀가분하게 세계를 바라볼 필요가 있다. 그것은 덧없음으로 세상을 인식하는 것과는 조금 다른 맥락이다. 불가에서 말하는 해탈의 경지와 쇼펜하우어가 말하는 의지로부터의 자유는 닮아 있다. 그저 세상을 관조하는 것이다. 행복이든 불행이든 그것은 일어난 사건일 뿐 결론이 아니다.

아포리즘 30

다수에 속하지 않아도 외롭지 않다

인생의 온전함은 자신의 주관으로 자아를 발견하는 과정에 있다. 자아의 발견이란 의지를 자각하는 매우 높은 차원의 인식이다. 하나 이처럼 높은 차원의 의지에 도달하기까지엔 수많은 유혹과 장애물이 있다. 그 방법 또한 구체적이지 않고 모두에게 다를 수 있다. 자아와 개성이란 이미 자신 안에서 움트고 있던 것이지만 평생 그것에 관하여 잘 알지 못한 채로 생을 마감하는 사람도 많을 것이다.

일반적으로 모든 사람은 다수의 의견에 기대는 경험을 지니고 있다. 의지의 객관화, 즉 고차원적인 인식을 자신의 주관이 아닌 다수의 기대와 의견에 기대어 달성하려고도 한다. 그것이 생각하는 가장 쉬운 방법이기 때문이다. 실제로 많은 이가 생각하는 방식을 따르거나 그 주장에 기대면 적어도 홀로 그것을 증명하기 위해 애쓰는 노력을 줄일 수 있고 보다 더 쉽게 자신의 체면을 지킬 수도 있다.

사회적으로는 주변으로부터 외면받을지도 모른다는

공포가 자신을 억압하는 장치로 작용한다. 인간이 적절한 사유의 과정을 거치지 않고 그저 맹목적으로 다수에 속하고자 하는 이유는 그 안에서 절로 자신의 권리가 지켜질 것이라는 막연한 믿음이 있기 때문이다. 다수에 속해 있다면 쉽사리 어떤 외부의 세력에게 무시와 질타를 받지 않을 수도 있다. 자기 자신을 지키기 위한 수단으로써 다수를 택하는 것은 제법 그럴듯한 명분처럼 보이지만 자칫 그러한 태도가 끝내 나를 잃어버리는 위협으로 되돌아올 수 있다.

자신을 지키기 위한 가장 확실한 방법은 스스로 자유롭게 사유하는 것이고, 그러한 사유를 바탕으로 생각과 감정을 드러내는 것이다. 중요한 것은 내 생각을 드러내는 것이 곧 다수에 반하는 결정이 아님을 깨달아야 한다.

'모두가 똑같은 생각을 가지고 있어야 우호적으로 교류할 수 있다.'는 것은 외로움이 만들어낸 착각이다. 다양한 가치관이 교류되는 과정은 인간을 이롭게 한다. 위대한 철학자들은 결코 막연한 사회적 흐름에 자신의 생각을 편승하지 않고 온전히 자신의 가치관을 지키고 전달하고자 애썼다. 그것은 때로 외롭고 귀찮을 수 있지만, 현명한 이들은 그러한 과정을 겪어야 자신을 더 면밀히 이해할 수 있음을 안다.

인생의 목표는 세상의 이치를 깨닫는 것이 아니라 자신에 대해 깊이 통찰하는 것이어야 한다. 그 시작은 실수와 오류를 포함하고서라도 자신의 생각을 드러낼 수 있는 시도이다.

아포리즘 31

삶이 지속되듯
그 과정에는 죽음이 있다

자연은 순환한다. 생의 주기는 계속해서 반복되며 계절도 시간이 흐름에 따라 오고 간다. 인생의 현재는 고정적이지 않고 항상 변화하는 성질을 지니고 있다. 영원한 것은 없고 모든 것, 사랑과 믿음을 포함한 관념까지도 계속해서 흐르며 앞으로 나아간다. 마찬가지로 탄생이 있다면 죽음이 있다.

한편 죽음이라는 순간이 인간이 처한 삶에 있어 완전한 끝을 의미하는 것은 아니다. 한 명의 인간이 오직 물리적인 생애의 시간 속에만 존재하는 것은 아니기 때문이다. 누군가의 기억 속에서 조금 더 머물다 가기도 하고, 자신이 남긴 생각과 유물을 통해서 세대와 세대를 걸쳐 전해지기도 한다. 어떤 인간이 남긴 한마디는 강력해서 죽음을 넘어 후세에까지 빛을 발하기도 한다.

봄에 떨어지는 꽃잎을 바라보며 이 계절이 영영 끝났다고 생각하지 않듯이 자연의 관점에서 바라보면 모든 것은 순환되고 있으며 삶이 있고 또한 죽음이 있으며 그것들이 계속해서 지속된다.

끝을 두려워하는 것은 자연스러운 일이다. 인간은 의식의 표상처럼 타자의 죽음만을 경험해보았을 뿐 한 번도 자기 자신의 죽음에 관하여 겪어본 적이 없기 때문이다. 그러나 삶에 고통만이 있는 것은 아니듯 죽음의 의미 또한 끝이라는 단어에 한정되어 있지 않다고 믿을 수 있을 때 삶은 한계를 넘어선다.

죽음은 인간을 존엄할 수 있도록 돕는 관념이며 자신의 삶에 책임의식을 지닐 수 있도록 하는 확실한 원동력이다. 영원한 시간의 양이 주어져 있지 않기 때문에 인간은 너무 늦지 않게 자기 내부의 의식을 향해 도달하고자 노력한다. 바깥이 아닌 내면을 향해 나아가는 것이 삶의 중대한 본질임을 알려주는 것, 이것이 죽음의 역할은 아닐까. 무한하게 시간을 소유하는 삶이 아니라 한정된 시간 속의 건강한 삶이 인간을 인간답게 만든다.

아포리즘 32

삶의 즐거움은
하나의 도구로써 얻을 수 없다

사람은 각자 자기만의 방식으로 어려운 삶의 침체기에서 벗어나기를 시도한다. 그러나 그 시도는 때때로 너무 크고 원대하여 좀처럼 침체기를 벗어나기 어려워한다. 모든 인간은 자신이 일생 동안 마주하는 고통의 총량에 대해 알지 못한다. 동시에 누구의 인생이든 모든 고통을 만능으로 해소해줄 도구 같은 것은 존재하지 않는다.

그러나 인간은 계속하여 전능한 수단을 통한 자유를 갈망한다. 행복에는 특별한 비결이나 방법이 있다고 믿어서다. 그것이 가장 명쾌하고 쉬워서 그리 믿고 싶어 한다. 이를테면 특정 직업을 가지는 것, 부동산을 취득하는 것 등등의 성취하기 어렵고 높은 목표를 이루면 삶이라는 고통에서 벗어날 수 있을 거라는 착각에 빠진다. 그러나 하나의 목표를 이루고 나면 또 다른 고통이, 또 다른 목표가 자신의 앞에 거대한 산처럼 놓여 있음을 알게 된다.

이처럼 어떤 수단을 통해서, 목표의 성취를 통해서 인간이 지닌 근원적인 고통이 해결된다면 좋겠지만 인생은 그렇게 간단하지 않다. 고통은 길고 도구로서의 행복은 짧다. 결국 또 하나의 고비가 우리를 찾아올 것이다.

물론 목표를 향해 정진하는 자세는 중요하다. 인간에게 목표가 있다는 것은 원동력을 제공해주는 일이기도 하다. 그러나 하나의 큰 목표를 넘기면 모든 것이 해결되리란 착각에서 벗어나야 한다.

인생은 결코 짧지 않은 시간이다. 단 하나의 수단과 동기가 마법처럼 삶의 기쁨을 전부 허락해주는 비결이 될 수는 없다. 결국 고통은 해결하고 벗어나는 것이 아니라 지속적으로 마주해 나가는 것임을 인정해야 한다.

이를 위해서는 원대한 목표 성취뿐 아니라 자잘한 즐거움들을 매 순간 느끼고 발견할 수 있는 자세가 필요하다. 매일의 작은 행복이 인생의 균일한 뼈대를 이루어내고 그 튼튼한 기반을 바탕으로 이따금 몰아치는 고통을 견뎌내는 태도가 필요하다.

행복하게 사는 법은 수단에 끌려다니지 않고 지속적으로 잘 살아가고자 시도하는 것이다. '이것만 있으면 행복하겠지.'라는 생각에 끌려가지 않고, 그것이 없어도 잘 살아갈 수 있는 마음을 단련해보는 시도가 역설적으로 더욱 자유로운 삶을 이끌어가는 방법이 되는 것이다. 결국 행복의 비결은 계속해서 변하고 성장해간다. 그리하여 끝내는 도구나 비결을 비워낼수록 삶은 수월해진다.

아포리즘 33

기질의 특성이 전부가 아니다

인간은 저마다 자신만의 기질을 지니고 있다. 가령 어떤 시련이 닥쳤을 때 누군가는 무덤덤해하고, 누군가는 화들짝 놀라서 오래 뒷걸음질한다. 그것은 좀처럼 바뀌지 않으며 뚜렷한 주관이나 성격으로 내면 깊숙이 자리 잡게 된다.

타고난 기질은 내면에 고정되어 현실에서 드러나지는 않는다. 어느 정도 교육과 훈련을 통해서 타고난 기질을 본인의 장점을 잘 살린 방향으로 이끌어갈 가능성은 열려 있다. 흔히들 운명이라고 칭하는 '어떤 느낌' 역시도 사실, 한 명의 인간이 자신의 기질로 이끌어낸 높은 가능성의 결과물일 뿐 완전히 고정된 것은 아니다.

비록 타고난 기질이 특출나지 않아도 하루하루 원하는 바에 정성을 쏟는다면 인간은 더 나은 존재가 될 수 있다. 비록 처음은 어려울지라도 성실하게 마음을 다하면 인간은 성장한다.

오히려 자신의 부족함과 나약함을 인지하여 계속해서 마음을 다스리는 사람이 더 유연하게 삶의 균형을 깨달아간다. 기질이 충만해도 현실에서 꾸준히 그것을 갈고 닦지 않으면 결국 운명은 달라질 수 있다는 뜻이다.

규명할 수 없는 성격이 우리 인간의 삶에 지대한 영향을 끼치는 것을 부정할 수는 없지만 실천을 통해서 자신을 더 깊이 깨우치는 것이 타고난 천성보다 훨씬 더 높은 차원의 이념을 삶에 부여한다. 그것이 모든 성인이 작은 것에도 정성을 다한 이유이다. 운명을 바꾸기 위해 노력하는 것이 아니라 매 순간 자신을 알고자 노력했기 때문에 점차 운명도 진화하는 것이다.

아포리즘 34

의지가
세계를 구성한다

자신의 마음과 행동이 곧 자신이 바라보는 세상으로 대변된다. 꾸준히 정직하면 내게 세상은 정직한 곳이 되고, 지속적으로 요행을 꿈꾸면 세상은 행운이 더 중요한 곳이 된다.

마음을 열고 관조적으로 세상을 바라보는 방법은 자신의 신념을 믿고 정직하게 살아가는 것이다. 타인에 대한 신뢰, 인류에 대한 연민, 이 모든 것이 곧 자신에게 달려 있다. 가끔 찾아오는 시련에 마음이 흔들릴 때에도 자신의 의지를 관철할 수 있는 방법은, 중도의 정신으로 감히 단편적인 사건에 마음을 완전히 치우쳐 생각하지 않는 태도에 있다.

세상에는 언제나 맹목적인 의지의 움직임이 휘몰아치고 있다. 그러나 자연에서 익히 보았듯이 모든 존재가 몇 번의 바람에 온통 휩쓸려버리지는 않는다. 살아남은 이들은 자기만의 방식으로 태풍을 견디고 노력한 것이다.

그것이 바로 삶이다. 내가 살아가는 방식이 곧 세상의 법칙에 귀결된다는 믿음으로 스스로 먼저 정직한 마음가짐을 자신에게 객관화하는 것, 그것은 우리에게 표상으로 인한 고통보다 더 고결한 길잡이가 될 것이다.

아포리즘 35

고통에도
규칙이 있다

삶에 도움이 되는 한 문장을 꼽자면 나는 바로 "고통에도 법칙이 있다."를 꼽을 것이다. 고통의 법칙을 안다면 그 규범에 부합하지 않는 방식으로 행동할 수 있고, 그것은 자연히 고통을 줄이는 적극적인 자세로 발전할 수 있다.

고통의 법칙을 이해하려면 우선 나를 고통스럽게 행동하는 상황이나 문제를 제대로 인식하고 그것이 왜 나에게 일어났는지 탐구하는 태도가 선행되어야 한다. 그 과정에서 중요한 것은 내가 이해할 수 없는 범주의 사고 같은 것은 제외해야 한다. 내가 조절할 수 없는 고통은 개인의 통제 범위를 벗어난 것이며 그러한 문제까지 제어하려는 것은 인간의 능력 밖의 영역이다.

특정한 문제가 반복적으로 발생했던 경험이 있다면 거기부터 주목할 필요가 있다. 이를테면 금전관리 문제나 친구 관계에서 벌어지는 갈등 같은 것을 예로 들 수 있겠다. 특정 상황, 특정 관계에서 주기적으로 발생하는 사건에 주목하고 그것이 일어난 원인을 쫓다 보면 결국 깨닫게 되는 것은 자기 자신에 대한 이해이다.

고통의 규범을 이해하고자 노력하다 보면 자신은 물론 타인의 입장에서도 왜 그렇게 행동하는지를 어렴풋이 알 수 있게 된다. 바로 여기에 의의가 있다. 문제의 피상적인 대처보다 근본적인 원인에 대한 탐구가 앞으로의 고통을 다스리는 효과적인 방안이 된다. 특정 감정 상태에 이르렀을 때 과소비를 한다든지, 내 경험으로 보아 어떤 표현 혹은 대화 내용이 나에게 갈등을 조장하는 요인으로 작용했는지를 확인할 수 있다면 잘못된 것은 바로잡고, 계획적으로 변화를 모색할 수 있다.

고통의 규범을 안다는 것은 그 아픔을 깊이 들여다보았다는 것이며 여러 관점으로 그것에 관해 고심해보았다는 뜻이다. 그것은 결국 자신을 알게 하고 현재 상황을 객관적으로 인지하도록 돕는다. 심지어 고통에 대한 탐구는 과거 어느 시점에 이해할 수 없었던 아픔까지 해소하게 되는 힘을 지니고 있다. 이러한 태도가 지속되면 고통을 통해 자신을 성찰하는 자세를 지니게 되고 마침내 난립하여 혼란스러운 감정들을 적절히 정리할 수 있게 하는 능력을 기르게 된다.

고통이 인생에 전혀 도움이 되지 않는 것은 아니다. 나를 아프게 하는 것들에 대해 이해하면 할수록 인간은 자신을 사랑하는 방법을 터득해 나갈 수 있다. 어떤 아픔이 인간의 삶을 변화시키는 긍정적인 자극이 되는 것도 바로 그러한 맥락이라고 볼 수 있다.

아포리즘 36

적절히 머물러
자신을 돌아볼 것

흔히 목표를 이루기 위해서는 멈추지 않고 계속 달려야 한다고 생각한다. 자아의 성취를 위해서 규칙적이고 단계별로 노력한다는 것은 열정적인 일이지만, 개인적인 목표가 다른 일반적 가치보다 무조건적인 우위를 점하는 것은 곤란하다.

가난으로부터 벗어나고자 애쓰다 스스로를 영영 마음의 빈곤함에 빠트린 사람들을 종종 목격한다. 경제적으로 여유롭게 살고자 하는 일의 본질은 무엇인가. 대개 스스로 소중하다고 느끼는 존재와 인간답고 안정적인 삶을 영위하는 것을 기본적인 삶의 행복으로 인식할 것이다.

그러나 부의 축적과 가난으로부터의 탈출이라는 명제에 지나치게 몰두한 나머지, 자신이 처음 목표로 여겼던 가치에서 멀어져 명목 없는 목적의 미로 속에서 끊임없이 방황하는 일도 있다.

심지어는 자신이 이미 추구했던 목적을 달성했음에도 자신의 현 상태를 망각하여 성취를 있는 그대로 받아들이지 못한 채로 영영 채워지지 않을 표상에 갇혀 진정한 기쁨을 보지 못하는 상태에까지 이를 수 있다.

인간은 왜 가끔 자신의 행위를 멈추고 내면과 주변을 둘러보아야 하는 것일까. 그 물음에 대한 답은 간단하다. 하나의 점만 보고 달리는 행위는 많은 사실과 감각을 흘려보내고 말기 때문이다. 멈춤의 미덕은 나의 마음가짐을 객관적으로 인식해볼 기회를 제공한다는 점에서 인간에게 필수적이다. 즉 마음의 온전함을 확보하기 위하여 시도와 머무름이 적절히 기능할 수 있어야 한다.

아포리즘 37

현대인의 우울함

감정은 인간을 인간답게 하는 요소이다. 본래 인간이 느낄 수 있는 감각 중 어느 것 중에서도 인간답지 않은 것은 없다. 심지어는 우리를 괴롭히는 기분이나 상태 또한 인간임을 증명하는 가치로서 존재한다. 현대인이 느끼는 우울함 또한 마찬가지이다.

그렇다면 오늘날의 우울은 어떻게 해석하고 또 해소해야 하는 것일까. 우울의 기본적인 인식은 괴로운 것, 현실을 지치게 하는 것, 욕구를 나약하게 하는 것 등으로 여겨지지만 그것은 우울함의 기본 전제를 견뎌야 하는 것으로 인식하기 때문에 생기는 고통이다.

인간의 삶은 다양한 부분에서 성장해왔다. 그러나 삶의 외형이 편리하고 화려해진 반면 그 내부에는 함께 쌓여온 갈등과 우울이 있음을 어렵지 않게 파악할 수 있다. 사실 외형적인 성장에 숨겨져 있었을 뿐 내면의 우울은 갑자기 찾아온 것이 아니라 오래전부터 내 곁에서 삶을 함께 이룩해온 이름 없는 의식인 셈이다.

때로 사람들은 자신이 세상에서 가장 비참한 존재라

고 생각하고 마음의 문을 걸어 잠근다. 그런 경우, 그들에게 세상의 다른 존재들도 실은 다 괴로운 삶을 살고 있다고 말하는 것이 결코 속 시원한 위로가 되지는 않는다. 자신의 우울함이 대부분의 현대인이 공유하고 있는 공통적인 통증이라고 할지라도 인간에게는 각자 자신만의 체력과 한계란 것이 있기 때문에 고통은 주관적으로 작용하기 쉽다.

어떤 우울은 분노를 유발하고 때로는 자기 비난이라는 덫을 만든다. 그러나 그 형태 어느 것도 인간답지 않은 것은 없다는 사실을 잊지 않아야 한다. 삶이 고통인 이유는 지속적인 긍정이나 관리를 통해서도 결코 다듬어지지 않는 감정들이 계속해서 도래하기 때문이라고도 볼 수 있다.

전문가의 조언과 관리를 받으며 자신에 대한 존중과 배려를 배워가는 것, 그것이 우울함을 잘 다스리는 비결이겠지만 그 과정이 결코 말처럼 쉬운 것은 아니다. 하지만 삶의 화려한 외형 속에 근심이 감춰져 있듯, 그 근심의 내부에는 자신의 삶을 사랑하고자 애쓰는 마음이 존재하고 있음을 잊지 말아야 한다. 부정하고 견디는 것이 아니라 그 마음마저 나의 일부인 것이다.

아포리즘 38

행복은 소유가 아니라
분별이다

자주자주 행복한 사람들은 조건으로 인해 그 행복이 유지되지 않는다는 사실을 이미 알고 있다.

이는 자신이 지니고 있는 행복이 영원하지 않을 수 있다는 것을 인정하며, 인생의 다양한 영역에서 스스로를 기쁘게 만들 무언가를 자연스레 발견할 수 있다는 뜻이다. 다른 말로 표현하자면 아집에 짓눌려 행복이 나를 위협하는 도구가 되지 않도록 생각의 범위를 넓힐 줄 안다고도 할 수 있다.

분명 행복은 재능이다. 같은 상황에서도 행복의 본질을 따르는 사람이 있는 반면 타인과 자신을 비교하며 점차 표상으로서의 행복에만 치중하는 사람들이 있기 때문이다.

어쩌면 행복의 소유를 위해 집중하는 삶이 아니라 살다 보니 그저 행복한 경우가 훨씬 더 건강한 인생이라고 말할 수도 있겠다.

자신의 품에서 놓지 않으려 노심초사하는 것이 아니라 우연히 마주친 큰 바람 앞에서도 쉽사리 흔들리지 않는 것이 진짜 나의 것이다. 행복은 소유가 아니라 사리에 어긋나지 않은 분별이다.

아포리즘 39

죽음을 통해
의지와의 조화를 꿈꾸다

인간은 삶을 고통으로 인식하면서도 삶이 중단되는 것을 가장 두려워한다. 쇼펜하우어는 죽음을 자연스러운 것으로 인식한다. 자연이 존재와 소멸을 반복하는 것은 지극히 자연스러운 일이므로 인간의 삶 또한 죽음에 이르는 것은 두려워할 것이 아니라고 주장한다.

인간은 자연에 속한 존재이고 그중에서도 최고 높은 단계의 자기의식을 지니고 있다. 의식의 최고 단계에 인간이 있다는 것은 높은 의지의 객관화에 도달할 수 있다는 뜻이다. 그 단계에 이르게 되면 죽음을 두려움이 아니라 오히려 위안과 안식으로 받아들일 수 있다는 것이다.

쇼펜하우어가 이야기하는 '자연스럽게 받아들여지는 죽음'이란 완전한 소멸이 아니라 존재의 형식이 바뀔 뿐 자연의 일부로서 계속해서 지속되는 과정을 의미한다. 결국 인간이란 한 명의 개별적으로 드러난 의지의 형태이며 '나'는 본래의 의지가 표상으로 드러난 일부일 뿐인 것이다.

의지란 인간의 수명이 끝난다고 해서 사라지는 것이

아니다. 죽음은 그저 의지가 객관화되는 과정 중에서 나타나는 또 하나의 일부이며 그 이후에도 의지는 '나'라고 하는 형태를 벗어나 자연의 객관화된 다른 의지로서 존재할 뿐이다.

비록 모든 인간이 이와 같은 높은 단계로서 의지의 객관화를 이룩하기는 어려울 것이다. 쇼펜하우어 역시도 죽음 그 자체는 자연의 일부로서 받아들여지는 과정이지만, 한 명의 인간이 그 죽음 앞에 저항하는 것은 결국 인간이라는 개체가 지닌 본능이라고 설명했다. 인간은 자기 자신의 의식을 하나의 유일한 세계라고 인식하기 때문에 그 세계가 끝나는 것에 대해서 거부감을 느끼고 두려워하는 것이다.

정리하자면 인간은 죽음을 두려워하지만 분명 자신이 자연의 일부로서 언젠가 죽게 될 것임을 알고 있다. 그러나 그 죽음이 자신에게도 찾아올 것이란 사실을 대부분 생생하게 받아들이지 못하고 마치 삶이 영원히 지속될 것처럼 생각한다. 한정된 삶에서 무언가를 영영 소유할 수 있을 것처럼 재화를 끊임없이 추구하는 행위 또한 자신의 죽음을 생생하게 받아들이지 못하기 때문이라고 볼 수 있다. 언젠가 죽음에 이르면 그 모든 것은 더 이상 자신에게 큰 효용이 없음에도 표상으로서의 의지는 그것을 영원히 소유할 것처럼 발현된다.

만약 죽음이 추상적인 형태가 아니라 또렷하게 내 삶에도 도래하고 있다고 인식하게 된다면, 죽음에 저항하는 방법은 물론 자아를 실현하고 행복을 추구하는 과정 역시도 상당 부분 달라질 것이다. 높은 의지의 객관화를 통해서 죽음을 명백하게 인식하게 되면 인생은 개체들의 형태가 바뀔 뿐 끊임없이 흘러가는 자연의 맹목적 현상임을 깨닫게 된다.

깨달음이란 기어코 삶과 의지의 조화를 이루어낸 상태이다. 그 순간에 진정 우리를 기쁘게 하는 것은 소유가 아니라 인생이라는 어지러움 속에서도 잔잔하게 의지를 구별해낼 줄 아는 담대함이란 것도 알게 된다. 죽음은 삶이 중단되는 것이 아니라 삶을 완성하는 단계인 것이다.

아포리즘 40

일희일비하지 않을 수 있는 자유

삶에 영향을 끼치는 대부분의 사건은 자연의 맹목적인 흐름이다. 계획적으로 다스릴 수 없고 그 모든 것을 개인의 욕구로 조절할 수 있다는 생각은 집착이다. 고로 행복한 삶은 무엇이든 면밀히 알고 행하는 것이 아니라 내면의 감각으로 이미 일어난 사실 그대로를 잘 받아들이는 자세에 달려 있다.

인간은 행복의 정도를 어떻게 파악할 수 있을까. 행복이란 곧 마음의 평온이다. 이 마음의 평온은 작은 일에 일희일비하지 않을 수 있는 태도에 근거한다. 부, 명예, 외모, 자산이 아니라 자연히 일어난 무수히 많은 사건에 이리저리 휘청거리지 않는 굳건함은 행복의 척도 중 높은 단계에 위치해 있는 것이다.

세상만사에 쉽게 흔들리지 않는 명랑한 마음을 지니고 있다면 자신을 타인과 함부로 비교하여 행복을 정의하지 않는다. 행복이란 객관적 사실로 단정 지을 수 있는 것이 아니기 때문에 서로의 기준을 가지고 각자의 행복을 논하는 것은 우스꽝스러운 일이다. 일희일비하지 않는다는 것은 자기 행복에 대하여 스스로의 기준을 공고히 할 수 있다는 뜻이다. 그러한 사람들은 자기 삶의 우선순위에 대해 자세히 깨우치고 있으며 그것을 자연히 실천하고 있다.

주변을 의식하지 않고 그저 자기 삶을 살고자 하는 일이 마음의 안정을 확보하는 요령이라고 말할 수 있다. 어떤 이들은 그 개인적인 의식을 삶에 대해 지나치게 소극적인 행동양식이라고 낮추어 보기도 하지만, 쇼펜하우어가 추구하던 바가 곧 '소극적인 행복'이란 사실을 기억해야 한다. 더 열정적으로 무언가를 추구하는 것이 아니라 가능한 한 비워내도 흔들리지 않는 자신감이 행복의 기본기이기 때문이다.

아포리즘 41

관계도 자극이다

나이를 먹으면서 조금씩 연습해야 하는 것이 있다면 관계로부터 오는 자극을 줄이는 일이다. 우리의 의식이 집중할 수 있는 범위는 한정적이기 때문이다. 때론 너무 많은 자극이 삶을 지나치게 흥분 상태로 만들기도 하고 우울함으로 끌어들이기도 한다.

자극을 낮추고 가능한 한 길게 평정함을 유지하는 것이 건강한 삶을 유지할 수 있는 중요한 방안인 셈이다. 그것을 위해 필요한 첫 번째가 불필요한 관계로부터 오는 피로감을 줄이는 일이다.

어린아이에서 청소년기를 지나 성인이 될 때까지 인간은 자신이 알고 있는 세계의 범위를 확장해 동시에 인간관계도 넓혀간다. 그러나 어느 순간 세계의 확장이 아니라 자신의 행동반경을 지켜내기 위해 고군분투하는 스스로를 발견하게 된다. 관계의 넓이 혹은 깊이는 어느 일정 경계선을 넘어가는 순간 내게 긍정적인 신호에서 부정의 신호로 바뀐다.

내가 짊어질 수 있는 마음의 무게를 초과하게 된 순간

그때부터 관계는 기쁨이 아니라 곤경이 된다. 마음의 여유가 충분한 상태에서는 나를 아프지 않게 하던 말들도 이미 지쳐버린 상태에서 내게 전해진다면 그것은 상처, 시기, 미움으로 번지고 마는 것이다.

나에게 유익한 것들도 과하면 자신을 얽매는 장치가 되고 만다. 관계도 마찬가지이다. 어느 정도의 확장을 거친 뒤로는 자기 삶에 알맞게 적절히 멀어지며 고요히 안녕을 바라는 일이 곧 서로에 대한 예의이고 배려이기도 하다.

아포리즘 42

일상의 예술이 슬픔을 돌본다

인간은 자기 삶에 대한 강력한 의지 때문에 행복에 집착하게 되고 결과적으로 진정한 내면의 즐거움이 아니라 표상으로서의 쾌락에 쉽게 빠지곤 한다. 그것을 경계하고 다스리기 위해서 외적인 쾌락이 아니라 내면의 고통을 줄여나가는 것을 더 우선해야 한다. 기본적으로 마음의 동요를 줄여나가는 것이 행복의 가치라면, 즐거움에 대한 추구가 아니라 비애에 대한 다스림이 더 쉽게 평정심을 획득하는 방법일 수 있다.

쇼펜하우어는 삶의 행복이 아니라 슬픔에 더 사려 깊은 관심을 쏟았다. 그 태도가 인간의 생을 오직 슬프게만 바라보았다는 뜻은 아니다. 그는 행복하게 살기 위하여 오히려 슬픔을 더 보살피려 했다.

삶은 끊임없는 질문과 고민의 호수에서 일렁인다. 그러한 고뇌를 다스리는 방법은 무엇일까. 쇼펜하우어는 그 고뇌를 다스리는 방안으로 문예와 예술을 꼽았다. 음악을 듣고 산책을 하며 그리운 이에게 편지를 쓰는 것, 그 모든 행위가 곧 일상의 예술이며 슬픔을 가다듬는 호흡의 일환인 셈이다.

슬픔을 관조하는 방법 중 하나는 슬픔 그 자체를 들여다보는 것이 아니라 잡념에서부터 벗어난 상태로 무언가에 몰두하는 경험이다. 작품을 바라보듯 풍경을 감상하고 자연과 하나 된 듯이 계절감에 취해보는 것도 좋겠다. 그것은 지극히 순수한 의지에서 비롯되는 것이다. 욕망이 아닌 순수한 정취는 결국 높은 의지의 객관화에 도달하여 자기 마음에 온전히 안착하는 것을 가능하게 한다. 예술은 삶의 고통을 적절히 순환시킨다.

아포리즘 43

내 삶의 정답을
미리 알고 결정할 수 없다

인간은 스스로 많은 것을 결정할 수 있다고 믿는다. 그것이 자신에게 중요한 문제라고 한다면 더욱더 깊은 고뇌에 빠져 더 옳은 결정을 내리려 애쓴다.

그런데 쇼펜하우어의 철학적 관점에서 바라본다면 인간은 스스로의 자유의지로 무언가를 결정하는 것이 아니다. 사실 그 선택은 수많은 의지의 동기 중 가장 강한 것에 영향을 받아 결정되는 것이며 인간은 알게 모르게 그 동기에 끌렸을 뿐이다. 그 동기는 선택의 당사자에게도 직접적으로 드러나지는 않기 때문에 인간은 자신이 무언가를 결정했다고 생각하지만 욕망과 의지의 발현으로 인해 그 선택을 할 수밖에 없었을 뿐이다.

인간은 성찰하는 능력을 지니고 있기 때문에 자신이 더 좋은 결정을 내릴 수 있었으리라고 후회하며 시련과 고통을 실제보다 더 크게 느낀다. 우리가 무언가를 후회하거나 망설이는 이유도 그러한 성찰력 때문이다.

선택의 갈림길에서 고달픔을 느끼는 것은 인간의 몫이고 진정 결정을 내리는 것은 의지의 몫이다. 뒤늦게 지난 결정을 후회하며 지나치게 비탄에 빠질 필요는 없다. 우리의 선택은 미지의 동기의 움직임으로 드러난 행위였을 뿐 자기 자신이 완벽히 제어할 수 있는 것은 아니기 때문이다.

언제나 물음 앞에서 내 삶의 정답을 미리 알고 결정할 수 없다. 인간이 할 수 있는 것은, 하지 않아도 될 고민을 줄이고 이미 내린 결정에 대해 덜 후회하는 것이다. 그것은 의지의 올바른 인식을 통해서만 가능하다. 의지를 올바르게 인식한다는 것은 의지를 변화시키거나 다른 의지를 내 삶에 적용하는 것이 아니라 나의 의지가 내 삶에 작용하는 방식을 이해한다는 뜻이다.

의지 자체는 바꿀 수도 없고 그것을 완벽히 깨달을 수도 없으나, 가능한 한 그 욕망이 나에게 드러나는 방식을 파악하고자 노력하다 보면 지나친 후회나 성급한 결정, 즉 선택이 주는 고통을 줄일 수 있다. 그러니 선택을 할 때는 무엇이 더 옳은가를 고민하는 것이 아니라 내 욕망이 무엇인지를 고민하는 자세가 필요하다.

아포리즘 44

분별 있는 사람이
된다는 것

자신의 내면을 제대로 파악하는 일은 얼마나 어려운가. 왜냐하면 인간은 한 번도 자신을 있는 그대로 접해본 적이 없기 때문이다. 때로 타인이 자신보다 더욱 나를 잘 아는 것처럼 느껴지는 이유는 '타인이 보는 나'로 내면을 파악하는 행위가, 다른 대상을 통해 내면을 파악하는 것보다 더 간단하기 때문이다.

쇼펜하우어는 인간의 자기다움은 스스로에게 집중하는 자세를 통해 인식된다고 설명했다. 태어날 때부터 의지의 운명이 내가 누구인지 설명할 수 있다고 할지라도 스스로 이를 이해하기 위해서는 끊임없이 자신을 규명하고 도달해야만 한다는 뜻이다.

그는 인생의 걸음을 자기다움에 알맞은 강점을 만나면 기쁨을 얻고 다른 방향으로 우회하게 되면 그 약점의 깨달음을 통해 고통을 맛볼 것이라고 설명했다. 굳이 나에게 어울리지 않는 것을 이루기 위해 애쓸수록 인생은 고통스러워진다. 반면에 자연스럽게 내 의지가 이끄는 방향을 인식하고 전진할수록 나다운 사람으로 거듭난다.

나다움을 안다는 것은 분별 있는 사람이 된다는 뜻이다. 자신이 잘할 수 있고 스스로를 즐겁게 할 수 있는 방향으로 노력한다면 고통은 분명 줄어든다. 그때의 어려움은 비록 고통을 수반한다고 할지라도 나를 성장시키는 동력으로 작용한다.

또한 나답게 살아가기 위해서는 자신이 감당할 수 있을 만큼의 노력을 통해 만족을 얻어야만 한다. 자기 세계에 대한 경계를 이해하고 내 마음의 크기를 벗어나 감당하지 못할 부나 명예, 성공을 좇다 보면 그 과정에 나다움도 있을 수 없으며 동시에 자신에 대한 만족에도 도달할 수 없다.

아포리즘 45

고착화된 경험과 인식은 예지가 아니다

인간은 의지의 인식으로 무언가를 예측하고 자신의 과거 경험을 통해 미래를 선험적으로 이해하기도 한다. 이때 의지의 예지적 성격은 경험으로 얻은 이해와 서로 일치하기도 하며 그렇지 않은 경우도 있다.

실제로 의지의 경향성과 경험으로서의 판단이 꼭 미래의 사실로 귀결되는 것도 아니다. 결국 직접적인 결과는 그 순간에 이르러야 보다 뚜렷해진다. 두 가지 인식은 어느 하나가 우위에 있지 않은 것처럼 보이기도 하지만 인생을 살아갈수록 의지의 경향성과 경험으로서 인지가 비슷한 사고의 흐름으로 이어져 결과적으로 자기 삶을 이끌어가는 사고방식으로 자리 잡는다.

그럼에도 그 사고방식이 미래에 대한 완벽한 통찰로 이어지진 않는다. 그저 자기 자신의 결정과 판단을 이해하는 근거로서 작용할 뿐이다. 의지의 흐름과 경험의 축적으로 이루어진 모든 것이 결코 완전하지 않다는 사실을 잊어버리지 않아야 마땅히 미래를 향해 전진할 수 있다는 의미이다.

고착화된 경험과 인식은 결코 예지가 아니다. 따라서 과거의 어떤 사건 혹은 느낌으로 인해 지나치게 현재와 미래를 틀에 박힌 사고로 인지하지 않도록 해야 한다. 설령 그 현상의 본질이 자신의 예측과 전혀 다른데 스스로 인식을 고착화해 본질을 망각한다면 그것은 실재와 전혀 다른 것으로 해석되고 만다.

때로 무척이나 숙련된 경험과 인식은 현상의 있는 그대로를 인식하는 것을 어렵게 한다. 고로 지금 자신에게 벌어진 의지의 움직임을 순수하게 파악할 수 있는 객관성이 필요하며 이를 위해 인간은 마땅히 용기를 지녀야만 한다.

인간이라면 마땅히 자신의 의지를 통찰할 용기를 지녀야 한다. 그것이 비록 완전한 인식으로서 파악되지 않는 불완전함을 지녔다 할지라도 말이다. 어차피 의지의 결정이란 노력으로 완전히 변화되거나 감춰지는 것이 아니다. 의지가 발현되고자 한다면 어떻게든 그것은 인간에게 인식된다.

인간이 할 수 있는 일은 얼마나 순수하게 의지의 움직임을 포착하는가 하는 것이지, 그 뒤에 일어날 일을 완벽히 예견하여 대비하는 것이 아니다. 미래는 아무도 모른다. 인간은 그저 현재 자기 안에서 일어난 의지의 현상을 어렴풋이 알아차릴 따름이다.

아포리즘 46

욕망을 통해
의지를 엿볼 수 있다

인간은 의지의 진짜 모습을 파악하지 못한다. 심지어는 자기 자신조차 표상으로서의 자신으로 인식할 뿐이다. 그것이 인간이 지닌 어쩔 수 없는 딜레마이다. 자신의 진정한 모습마저 인식하지 못하고 죽음에 이르는 것이다. 무언가의 매개를 통해서가 아니라 있는 그대로의 자기 자신을 제대로 파악할 수 있는 사람은 어디에도 존재하지 않는다. 그렇기 때문에 인간은 다른 방법을 통해 자신의 삶과 욕망을 엿보기를 희망한다.

욕망은 내가 어떤 존재인지를 드러내는 기본적인 움직임이다. 인간의 욕망은 자신이 지닌 그 자체로서의 성격, 기질, 결핍을 통해서 반복적으로 드러난다. 우리는 그 흐름에서 벗어날 수 없다. 욕구는 자연의 흐름처럼 우리의 행동, 말, 신체를 통해 삶 전체에서 계속해서 등장할 뿐이다.

주목해야 할 것은 욕망 그 자체에는 선과 악이 없다는 것이다. 그것의 가치 판단은 우리가 그것을 충족하는 방식과 인식하는 과정에서 일어난다. 따라서 행복한 삶을 지속하고 싶다면 욕망이 충족되는 방식을 눈여겨보아야 한다. 자극은 강렬하지만 연속성은 짧고 불충분한 성질의 욕구는 경계해야 할 필요가 있다. 그 방식은 충족이 아니라 더 큰 결핍으로 향하는 지름길이기 때문이다.

순수한 의욕 자체를 인간의 탐욕이라는 성질로 인식하여 추구하다 보면 충족보다 더 큰 목마름이 잠정적이고 지속적으로 인간을 괴롭히고 만다. 욕망의 수많은 모습과 단계 중에서도 기본적인 인간의 생명을 영위할 수 있도록 도와주는 건강한 삶에 관한 욕망 그리고 끊임없이 자신을 돌아보고 교양을 쌓아가는 높은 차원의 욕망을 적절히 수행해야 하며, 자신의 그릇을 넘어선 형태의 탐욕에 빠져 무한한 욕구의 늪으로 침전되지 않도록 늘 자신의 마음을 두려워하는 자세를 지녀야 한다.

의욕 그 자체로 '나'를 다 설명할 수는 없다. 그러나 무언가를 추구하는 의욕을 잘 관찰하면 자신을 움직이는 동기에 관해서도 점차 깨닫게 되며 그것이 곧 내 삶의 방향성을 파악해 나가도록 돕는 방법이 된다.

아포리즘 47

겸손이
후회를 줄인다

겸손하다는 것은 무슨 의미일까. 그것은 자신을 과신하지 않는다는 의미이며 낡은 관념에 들러붙어 게으름에 빠지지 않는 것을 뜻한다. 스스로 자신의 세계를 객관화해보고 반성하는 사람은 아름답다. 그것은 타인이 명령할 수 없는 일이며 오직 자신의 의욕을 통해서만 가능하다. 인간에게 의욕이란 누가 심어주는 것이 아니며 그 자체로 인식할 수 있는 것이다.

인간이라면 반드시 자기 자신과의 갈등을 경험한다. 의지와 인간의 인식이 모순되기도 하고 고통을 경험하기도 하며 자신의 한계를 인정하는 것이 두려워 그릇된 무지로서 교만해지기도 한다. 세상에는 수많은 의미와 성공, 가치, 지혜가 있다. 비록 과정은 다르겠지만 그만큼이나 높은 차원의 의지를 파악하는 일은 자기 자신의 마음을 통해 인생을 살아간다는 공통점이 있다. 겸손이란 자신을 낮추는 것이 아니라 내가 누구인지를 지속해서 되돌아볼 줄 아는 마음가짐이다.

후회란 무언가를 행했거나 행하지 않았다는 사실에서

오는 것이 아니라 그것이 무엇인지도 모르고 움직였던 자신의 무지에서 비롯된다. 의지가 변덕스러운 것이 아니다. 상황에 따라 의지를 다르게 인식했던 자신의 나약함이 후회를 만든다. 인간은 나약해지지 않기 위해서 겸손해야 하는 것이다.

아포리즘 48

고통의 원인은 무지가 아니다

고통은 무지로부터 오는 것이 아니라 잘못된 인식에서 온다. 인간이 고통스러운 것은 무언가를 잘 모르기 때문이 아니라 온전하지 못한 의지의 표상에 잠식되었기 때문이다. 전혀 모르는 것보다 조금만 아는 경우가 훨씬 고통스럽다.

'온전히 앎'에 이르게 되기까지는 대상을 향한 긴 노력과 집중이 필요하다. 그럼에도 제때 알맞게 인식하고 이해하는 경우는 드물다. 심지어 대부분은 아주 긴 시간이 흐르고 나서야 겨우 대상의 본모습을 조금 헤아려볼 정도이니 말이다.

다양한 조건, 상황, 제약 등으로 인해 인간은 진짜 의지를 파악하지 못하고 자신에게 유리하게 대상을 해석하거나 지나치게 패배감에 젖은 채로 현실을 맞이한다. 그리고 어떤 감정에 너무 매몰된 나머지 그것이 현상의 전부라고 단정 짓는 실수를 범하고 만다.

하지만 훗날 마음의 여유가 있을 때 되돌아보면 그 시절, 관계와 행동은 모두 조금은 다른 모습으로 읽히며 심지어는 그렇게나 아팠던 사건들도 그저 덧없이 흘러가는 강물처럼 인식하는 경우도 있다.

어떤 느낌, 상황을 그 순간의 압도되는 감각으로 확대하여 인식하지 않는 것. 어쩌면 중용이란 무언가에 대한 인간의 정의가 단 한 순간에 결정되는 것이 아님을 충분히 이해할 줄 아는 태도이다. 균형 있게 의지를 관철하는 삶은 쉽게 정의하고 다 안다고 생각하지 않는 것이다. 인식은 그 순간에 대한 나의 타협과 순응이며 방어적 기재로 인해 강요되는 오해일 수도 있기 때문이다.

불행은 다 안다고 착각하는 것으로부터 시작된다. 고로 타인의 고통은 물론 내 고통에 대해서도 감히 다 안다고 교만에 빠지지 말아야 한다.

아포리즘 49

인간다운 삶에 관하여

한 명의 인간은 그 존재 자체로 독립된 의지를 지니고 있는 유일한 세계이다. 인간이 죽음을 두려워하고 자신만의 인식을 실천하며 살아가는 이유는 각자 스스로가 지닌 의미에 다가서고 싶어 하기 때문이다.

우주의 수많은 빛과 어둠처럼 인간에게도 각기 다른 이유로 저마다 빛과 어둠이 존재하고 있다. 그것은 이미 인간에게 유일하게 내재되어 있는 것이며 동시에 후천적으로 학습하며 새로운 형태로 깨우치고 있는 것이다. 고로 우리는 모두 무지(無智)하다.

인간의 삶은 신체를 물리적으로 기능하고 보존하게 하는 것에 그치지 않는다. 그것이 전부라면 굳이 '인간다운 삶'이라는 용어로서 자신의 삶을 표현하고자 하지도 않을 것이다. 인간은 사회적 동물이지만 동시에 깊은 허무와 고독을 지니고 있는 역설적 존재이다. 우리의 딱딱한 신체 속에는 감히 언어로 표현할 수 없는 의지가 깃들어 있다.

삶은 고통이다. 그 말의 의미를 곰곰 생각해보면 고통

을 통해서 삶을 깨우친다는 뜻이 된다. 인간은 수많은 이유로 고통스러워하지만 그 고통의 본질은 자기다운 삶, 인간다운 삶을 영위하고자 하는 노력에 동반된다는 것이다. 물리적은 고통과 상처와는 다르게 의지의 인식을 단련하기 위한 고통은 우리를 아프게 하는 동시에 인간의 영혼을 치유하는 힘을 지니고 있다.

그런 의미에서 인간의 고통은 각자의 의미로 아름답다. 자연법칙의 질서 안에서 인간은 감히 직접적으로 마주할 수 없는 의지의 모습을 표상으로서 인식하여 궁극적으로 자기 자신을 들여다본다.

인간의 삶이 때로 행복하고 또 한동안은 서글픈 이유는 그 의지가 끊임없이 뻗어 나가기 때문이다. 쇼펜하우어는 이와 같은 인간의 삶을 '시계추처럼 고통과 권태의 사이를 오가는 것'이라고 표현하기도 했다. 감히 멈출 수 없는 의지가 인간에게는 내재되어 있는 것이다. 고로 항상성을 지닌 행복도 없는 것이며 늘 고통스러운 인생도 없다. 언제나 행복과 고통은 양면으로서 함께 존재한다.

인간은 고뇌한다. 그 고뇌가 인간다움에 대한 근거를 제공하며 자기 안에 마르지 않는 샘을 선사한다. 하나의 행복이 지나면 새로운 고통이 오고 그 역경을 이겨내면

또 하나의 성취가 우리를 기다린다. 지속되는 것은 자기 자신에 대한 이해를 갈구하는 우리의 기쁨과 슬픔이다. 이따금 그 과정이 우리를 깊은 허무에 빠뜨리기도 하고 진정 소중한 것을 가리는 벽이 되기도 하지만 끝내 포기하지 않는 자만이 시간과 공간의 형식으로 제한된 표상으로서의 세계 그 너머를 지향할 수 있다.

자신의 존재를 긍정하며 타자의 독립된 의지를 구태여 부정하지 않는 상태, 하나의 유일한 세계로서의 자유로움을 만끽할 그날까지 우리는 계속해서 내면을 두드려야만 한다.

아포리즘 50

의지의 자유

의지의 자유는 인식이 마침내 의지의 본질에 도달하여 평정을 얻는 것을 뜻한다. 쇼펜하우어는 이러한 의지의 자유를 끊임없는 투쟁으로 성취하는 것이라 했다. 인간의 몸과 마음은 언제든지 의지의 움직임에 의해 좌우될 수 있다. 그 작용은 인간을 충동적이게 하며 인생을 허망하게 느끼게도 한다.

의지의 움직임에 끌려가기만 하는 것이 아니라 자신의 본성, 표상으로서의 의지와 끊임없이 투쟁하며 결국 마음과 현상 사이에 어떠한 불순물도 없는 상태에 이를 때, 인간은 고통의 파도에서 마침내 자유를 얻게 된다. 쇼펜하우어는 이러한 상태를 '완전히 순수한 상태로 세계를 맑게 비추는 거울'이라고 비유했다.

의지의 자유는 인간에게 욕망, 두려움, 질투와 집착 같은 의욕의 실마리를 제거한다. 다만, 순수하게 현상 그 자체를 인지하는 것은 한 번의 경험으로 완전해지는 것은 아니다. 또한 의지의 자유는 욕망 그 자체를 부정하는 행위와는 구별된다.

무언가를 부정하려는 행위로서가 아니라 더 이상 얽매이지 않음으로써 유일한 자아로 거듭난 상태에 가깝다. 의지의 자유는 주관과 객관을 이미 넘어선 상태로 허무함과는 구별된다. 그것은 감히 언어로서는 표현하지 못할 정도의 평정심으로 도달한 수준을 뜻한다. 의지의 자유는 구체적으로 그 상태를 묘사하기는 어려우며 그것을 획득하기 위한 방안에 대해서도 우리는 구체적으로 알지 못한다.

삶의 고통을 이해하는 과정에서 인간은 의지의 작용을 나답게 적용하고 해석하고자 노력하고 있으며 이미 그러한 시도들이 자기 자신의 마음을 평정심으로 거듭나게끔 하는 크고 작은 고찰들이라고 할 수 있다. 그것을 어떤 마음가짐으로 이해하며 마음의 순수함을 향해 나아갈지에 대해서는 오직, 자기 자신만이 스스로에게 끊임없는 질문과 도전으로서 헤아려야 한다. 나에 대한 이해와 내 안에 내재된 의지에 대해 본질적인 호기심을 지닌 채로 가장 깊숙이 도달할 수 있는 것은 유일한 존재로서 '나'만이 가능한 행위이기 때문이다.

아포리즘 51

사랑은 아름답게
생존하기 위한 것이다

쇼펜하우어의 사랑은 플라톤의 형이상학적인 사랑에 더해 인간이라는 존재의 생존과 번영의 가치를 포함하고 있다. 그가 바라보는 사랑의 의미에는 감정적인 책임과 더불어 가정을 꾸리고 자녀를 낳아 기르며 종의 보존과 발전에 기여해야 한다는 전통적 가족으로서의 책임도 내포되어 있다.

언뜻 보기에 사랑에 대한 쇼펜하우어의 관점은 비교적 보수적이고 구시대적인 입장이라고 느낄지도 모르겠다. 다만 지극히 쾌락 중심의 만남으로 사랑이 변질되고 있는 현 시대 속에서 사랑이란 감정적이며 육체적인 만족인 동시에 종의 생존과 번영을 위한 가치도 함께 지니고 있음을 견지하는 것도 중요하다.

사랑이 진정 아름다운 이유는 단순히 지금 느끼는 감정이 전부가 아니기 때문이다. 서로 사랑하게 되었을 때 그 사람을 만나기까지의 과거와 현재 그리고 앞으로 두 사람이 맞을 미래를 그려볼 수 있다. 그렇기 때문에 사랑은 인간에게 소중한 것이다.

성(性)에 대한 인식의 변화와 다양성은 인정하면서도 사랑의 현실에 더 이상 아름다운 미래가 그려지지 않게 된 현 시대는 분명 걱정스럽다. 마찬가지로 쇼펜하우어는 이러한 사랑의 단절을 죽음으로 묘사했으며 그것은 생명의 단절을 의미하는 동시에 자신이 이 땅에 남기게 될 사랑의 가치 역시도 중단된다는 뜻이 된다.

어쩌면 요즘은 사랑을 완벽함이라고 오해하고 있는 것인지도 모르겠다. 자녀를 낳지 않겠다고 마음먹는 이유는 여러 가지가 있겠지만 그중 완벽한 부모로서의 역할을 수행할 수 없다고 단념해버리는 경우를 보면 마음이 아프다. 부모의 올바른 역할이 '자녀에게 모든 것을 다 해주는 것'은 아니지 않은가.

애초에 사랑은 완벽하지 않다. 세상에 아무리 완전무결한 지혜가 있다고 할지라도 인간이라는 존재 자체의 태생적 불완전함 속에서 그 가치가 온전히 현실 속에서 발현되기는 어렵다. 내가 사랑하는 상대방을 진심으로 위하면서도 때로는 오해하고 미워하기도 하는 것처럼 자식과 부모 사이에도 서로를 아끼고 귀중히 여기는 마음이 바탕이 되어 있다면 그것으로 충분하지 않을까. 실수가 있고 모자람이 있어도 부모가 된다는 것, 누군가의 자식으로서 동시에 자신의 자아를 형성해 나가는 것 그 모든 과정 속에는 아름다운 사랑의 역사와 가치가 있다고 믿는다.

사랑에는 이상향이 있지만 진정한 사랑에 빠지게 되는 순간, 내가 꿈꾸던 완전함과는 별개로 사랑은 그 자체로 숭고하고 아름다운 것이 된다. 인간은 종의 생존본능으로서 자연히 끌리는 누군가를 바라게 되는데, 그것은 완벽함이 아니라 내가 아낌없이 사랑할 수 있는 대상이 된다. 즉 사랑이란 완전한 내가 되기 위한 수단이 아니라 서로 다른 조건과 생각, 외모 속에서도 아낌없이 신체적 감정적 교류를 주고받을 수 있는 대상과의 열렬한 가치 형성인 것이다.

신체적 사랑은 인간을 계속해서 시간 위에 존재하도록 돕고 정신적 사랑은 살아가는 시간 동안 서로가 얼마나 소중한 존재인지를 깨닫게 한다. 그 두 가지 가치의 균형 속에서 자유롭게 아낌없는 사랑의 추구와 가치를 발견해 나가는 방법은 서로가 진심으로 사랑하고 나아가 그 사랑으로 누군가의 부모가 되는 일이다. 그리고 시간이 지나면 쾌락보다 더 높은 차원의 기쁨이 존재하고 있음을 자연히 깨닫게 된다.

아포리즘 52

사실 대부분의 경우
상대방은 그럴 의도가 없다

기분 나쁘지 않게 살아가는 방법이 있다. 대단히 기쁘진 않아도 평균적으로 부정적인 기분을 덜 느끼며 살아갈 수 있다. 그것은 타인의 말을 있는 그대로 인식하고자 하는 노력 여하에 달려 있다. 세계를 인식할 때 인간은 모두 자신의 주관으로 그것을 이해한다. 따라서 상대방이 의도하지 않은 느낌과 의미까지 내포하여 스스로 그것을 부정적 에너지로 소화하는 경우도 허다하다.

이를테면 상대방의 생각과는 무관하게 과거의 사건에 기인하여 회의적인 태도를 취하는 경우, 특정 단어에 좋지 않은 기억이 있어 그 단어를 듣게 되면 전체적인 말의 맥락을 다르게 해석하는 경우, 평소와 다르게 감정적으로 지쳤거나 체력이 뒷받침되지 않은 상황 속에서 상대의 태도와 말을 내 기분에 맞춰 오인하는 경우 등등이 있겠다.

사실 관계 형성이 제대로 이루어지지 않은 경우 상대방이 하는 말을 해석할 때에는 최대한 주관을 배제하고 있는 그대로의 말의 의미로서 받아들이는 것이 정신 건강에 좋다. 그렇게 되면 나를 비아냥거린다거나 핀잔을 주기 위함이라고 느꼈던 말도 그저 그럴 의도가 없는 평범한 말이 된다.

평정심을 유지하는 능력은 분명 훈련에서 비롯되어 습관이 된다. 습관적으로 부정적으로 반응하는 사람은 관성대로 불행한 쪽으로 계속 기울어지게 되고 계속해서 자기 마음속이 과녁이 되어 상대방의 말과 행동을 붙든다. 반대로 중요한 일이 아니라면 무게 없는 말로 인식하고 편견 없는 태도로 일관한다면 우산 속으로 아주 조금 스미는 빗물처럼 날카로운 말도 얼마 지나지 않아 잊힌다.

잠깐 마음이 비에 젖을 때 다음과 같이 되뇌면 금방 해가 뜨리라. 상대방은 그럴 의도가 없다. 타인은 나를 아프게 할 의도가 없다. 내 기분은 내 것이다.

아포리즘 53

눈앞에 보이는
작은 일에서부터 시작한다

성격을 고치는 것은 불가능에 가깝다. 억지로 노력하더라고 대부분 금방 지치고 만다. 그렇지 않으려고 노력해도 눈에 보이지 않을 만큼 작고 사소한 것에서 은근히 자기 성격과 무의식이 흘러나오는 것은 자연스러운 일이다. 인간에게는 타고난 기질이 있기 때문이다.

그러나 후천적 노력과 자기 성찰을 통해서 점진적으로 자신의 삶을 변모해 나가는 것을 꿈꿀 수도 있는 것이다. 매우 어려운 일이지만 인간은 그 행위를 통해서 또 다른 자기 모습을 발견하기도 하며 성격과는 조금 다르지만 자신에게 이로운 방법론을 터득함으로써 효과적으로 삶을 제어할 수 있다.

역시나 중요한 것은 그러한 점진적인 노력의 방법이겠다. 변화의 필요성을 느낄 때 사람들은 흔히 어디에서부터 개선해야 할지를 모를 때가 많다. 우선 중요한 것은 자신이 할 수 있는 일과 그렇지 않은 일, 자신에게 더 중요한 것과 그렇지 않은 일을 구분하는 것이다.

쉽고 가까운 일부터 차근차근 진행한다. 그것이 후천

적으로 자신이 되고자 하는 모습의 변화를 이끌어내는 가장 중요한 자세이다. 달리기에 취미가 없는 사람이 마라톤에 입문하고자 할 때 처음부터 마라톤 풀코스를 뛰어보라고 하는 것은 무모하고 덧없는 행위인 것과 같은 맥락이다.

시작은 가벼운 마음으로 쉽고 가까운 것에서부터 시작한다. 가령 아침잠이 많고 조금 게으른 성격의 사람이 부지런한 사람이 되기로 결심했다고 해보자. 이 사람은 무엇부터 시작해야 할까?

내일부터 당장 새벽 5시에 일어나 미라클 모닝을 시작할 필요는 없다. 어디까지나 가벼운 마음으로 쉬운 것부터 시작해야 한다. 수면은 평범한 패턴을 유지한 채로 눈앞에 약간 어지럽고 정신없는 내 방을 정리 정돈 하는 것이 좋다. 한 번에 전부 다가 아니라 하루는 책상, 그다음 날은 옷장 정도로 진행해보는 것이다. 그러면 어느 날 외출 후 돌아와 달라진 내 방의 면모를 인식하게 되는 때가 올 것이다. 그때 느껴지는 쾌감과 이점은 훗날 오래 나를 변화하게 만드는 원동력이 될 것이다.

때로 태생적으로 뛰어나진 않았지만 후천적인 노력으로 훌륭한 일을 해내는 존재들이 있다. 그 모든 과정은 한 번에 일어난 거대한 사건이 아니며, 점진적으로 쌓아 올린 작은 만족과 성취의 역사일 것이다.

책상을 정리하는 재미의 발견을 시작으로 삶 곳곳의 복잡함을 해소해 나가다 보면 어느새 기존의 나라는 존재에서 조금 더 나아가 확장된 세계 속에서 다각화된 자신을 만날 수 있다. 언제나 시작은 아주 작은 것에서부터 출발한다는 사실만 기억하면 된다.

아포리즘 54

사람은
점진적으로 성장한다

쇼펜하우어 철학은 지속 가능하지 않은 이른바 한탕주의로 인생 역전을 꿈꾸는 경향을 경계한다. 욕망은 결핍에서 비롯되며 충족은 언제나 불완전하다. 그러니 바라는 것을 이룰지라도 그 성취가 내 모든 결핍을 보완하도록 만들어주지 않는다. 이것은 모든 사람에게 마찬가지이다. 쇼펜하우어의 철학세계는 자기 욕망의 방향에 대해 탐구하는 자세를 강조하고 있다.

한탕주의로 인생 역전을 꿈꾸는 경향이 강한 시대이니만큼 내 욕망이 과연 단 한 번의 성공으로 온전히 충족되는 형식으로 이루어져 있는지 스스로를 돌아보는 일은 중요하다. 인생은 결핍과 충족의 반복이라고 해도 과언이 아닐 것이다. 우리는 무언가를 꿈꾸고 그것을 이루며 조금씩 강해진다. 또한 인간은 자연히 그 과정 속에서 놓치고 잃어버리는 것도 있음을 깨닫게 될 것이다.

인생은 지속적인 신체와 마음의 저울질이다. 사람들은 내 상황과 인식에 따라 자신이 집중해야 할 영역을 변모시키며 그 무렵 내게 필요한 욕망을 갈구하며 행복을 향해 나아간다. 어느 정도 규모의 차이는 있을지 몰라도 인생 전체를 길게 바라보면 그 모든 것은 점진적이다.

때로는 예기치 못한 행운과 불행으로 다소 가파르게 인생이 흘러갈지라도 인간의 욕망은 끊어지지 않음으로 살아 있다면 인간은 계속해서 무언가를 갈구하게 된다. 그러므로 중요한 것은 자신이 추구하는 마음의 갈증이 충분히 의미 있는 일인가 스스로에게 되묻는 가치 판단의 성숙함이다.

인간이 살아가는 방식은 대개 비슷하지만 각자의 개별적인 삶을 면밀히 들여다보면 그 삶 속의 다양함을 함부로 객관화하여 판별하기는 어렵다. 사람에게는 각자 자기만의 삶의 방식이 있고 자신만의 고유한 가치가 있는 것이다. 하여 내가 진정 바라는 삶을 지속적으로 충족시켜줄 수 있는 가치 있는 성취를 향해 정진해야 한다. 그것이 욕망을 건강하게 소유하는 방법이다.

한 번의 성공이 보장하는 것은 그리 많지 않으며, 한 번의 좌절로 영원히 실패한 삶을 살아가는 것 또한 아니다. 결국 고통과 행복의 끊임없는 반복이 인생이라면 스스로가 감내할 수 있을 만큼의 지속성을 목표로 차근차근 서두르지 않는 성취들을 목표로 삼는 것이 보다 더

안전하고 건강하다. 올바른 욕망은 성취를 통해 또 한 번 새로운 목표를 갈구하도록 하는 긍정적인 갈증을 남긴다. 삶은 그렇게 계속해서 나아가는 것이다.

아포리즘 55

반복에 지치지 않기

현재가 가장 중요하다. 똑같은 하루가 반복된다고 느낄지라도 사실 항상 같은 것은 없으며 조금씩 그 의미와 모양을 달리하고 있는 것이 삶이다. 인생의 지혜를 말할 때 우선적으로 명심해야 할 문장이 있다면 '소중함의 반복에 의해 그 의미를 망각해서는 안 된다.'라는 말이다.

대부분의 사람은 아침에 눈을 뜨면 자신의 역할에 맡게 어딘가로 향하고 신체와 마음의 에너지를 쏟으며 적절히 체력을 소진한 뒤 다시금 집으로 돌아올 것이다. 어딘가로 향하고 그곳에서 책임을 다하는 이유는 다양하겠지만 그 행위의 공통점이 있다면 나와 가족의 삶을 위해 노력하고 있다는 것이다. 그 생산적인 순간에 때로는 권태를 느끼기도 하겠지만, 현재 내가 이루고자 하는 무엇을 위해 몰두하고 있다는 사실 그 자체로 인생은 긍정적인 의미를 지님을 잊지 말아야 한다. 마땅한 사명감으로 내 역할을 수행할 수 있다는 것은 굉장한 기쁨이다.

매일 비슷한 하루를 살다 보면 자신의 미래가 너무 멀

고 현재가 따분해 보일 수 있지만 지금껏 내가 성취한 가장 실재적인 것은 늘 현재에 있다는 사실을 기억하며 마음을 다스려야 한다. 오늘 내가 흘린 땀, 오늘 내가 실행한 용기, 지금 내가 행하고 있는 행동들이 나의 가장 확실한 성취이다.

아포리즘 56

눈치 보지 않기

타인을 신경 쓴다는 행위는 참으로 가혹하다. 자기의 삶과 내면을 들여다보기도 어려운 존재가 감히 다른 이들의 마음까지 고려해야 한다는 것은 얼마나 곤궁한가.

우리는 함께 이 삶이라는 고통을 감내하고 있기에 서로를 동료로서 인식해야 한다. 동료애로서 다른 이들의 마음을 고려하는 것이다. 그것은 분명 귀찮기도 하고 어려운 일이지만 더불어 살아가기에 필요한 행위임이 틀림없다. 반면 타인의 행복과 나를 비교하며 내 삶을 재단하는 일은 매우 부적절한 마음가짐이다.

사람들은 대체로 행복해 보이지만 각자의 고충과 고통을 지니고 있다. 그러나 아주 미약하게 내 눈에 보인 타인의 기쁨에 시기와 질투를 반복하며 스스로를 어두운 비교의 늪에 가두는 행위는 스스로 자신의 삶을 혹독한 환경으로 변모시키는 행위와 다름없다.

누구도 타인처럼 행복할 수 없고, 누구도 타인의 행복을 훔칠 수 없다. 삶은 서로 배려하며 각자의 행복을 향하는 시간일 뿐이다. 그러니 행복의 그릇된 평균을 만들어 스스로에게 무거운 짐을 지우는 행위는 피하는 것이 좋겠다.

단편적인 예로 식물의 가시를 들 수 있겠다. 가시가 많은 식물은 자연환경과 식물, 벌레들로부터 스스로를 지켜야 해서 진화해온 생존의 방식이다. 심지어는 똑같은 종이라고 할지라도 위협을 많이 받은 식물들은 가시의 밀도가 높다.

인간의 마음도 마찬가지이다. 자기 스스로 위협받는다고 생각하면 자신도 모르게 방어기재를 형성하고 자기 마음을 지키기 위해 점차 행동과 마음을 날카롭게 만들어갈 수밖에 없다. 그러니 다른 이들의 행복과 기쁨, 삶의 방식이 나를 아프게 하는 위협으로 받아들이지 않도록 평소 행복의 중점을 외부가 아닌 내 관점과 내면에 놓아두는 일에 집중해야 한다. 그들의 삶은 그들의 몫이고, 내 행복은 전적으로 내 몫이라는 사실을 기억하자.

아포리즘 57

때로는 무관심의 영역으로
스며들기

인간은 자기 자신의 마음가짐과 척도로 세상을 파악한다. 따라서 자신이 끌리는 방향으로 더 많은 관심을 쏟고 시간을 투자한다. 그러다 보면 상대적으로 관심이 낮은 것들은 멀어지게 된다.

그러나 자신이 선호하는 것에만 주의를 기울이게 되면 세상의 다양한 면과 지혜를 골고루 헤아리기 어려워진다. 때로는 일부러 무관심의 영역 속으로 직접 걸어가 그 안의 면모를 경험해보는 것도 인생에 큰 도움이 된다.

그러면 내가 평소 관심이 없었던 분야에서 새로운 재능과 이점을 파악할 수도 있고 우려했던 것처럼 나와는 결이 맞지 않는 부분을 마주한다 할지라도 그 또한 나 자신에 대한 이해와 배움으로 이어질 수 있으니 결코 나쁜 경험은 아닐 것이다.

세상을 살아가다 보면 오직 내가 좋아하는 것만을 하고 있을 수 없는 때가 오기 마련인데, 그런 순간을 억지로 맞이하는 것은 누구에게나 부담스럽기 마련일 것이다. 그러나 성숙한 어른으로 성장하면 그러한 부담을 스스로 적절히 소화해내는 자신만의 방법을 깨닫게 된다. 다양한 세계와 관계를 맺어가는 연습을 하는 것이라고 생각해보는 것도 좋겠다.

한 달에 한 번 혹은 그보다 더 긴 주기라고 해도 때에 알맞게 꾸준히 자신의 무관심을 숙지하다 보면 분명 인간은 더 단단하고 유연하게 사고할 수 있게 된다. 내 성격과는 조금 멀다고 느껴지는 것들, 평소 전혀 떠올리지 않았던 것들을 이따금 내 삶으로 끌어들이면서 사람들은 조금씩 나와 다른 존재, 나와는 무관했던 감각들과 자연스레 어울릴 수 있는 능력을 기르게 된다.

아포리즘 58

내 기분보다 중요한 것

세상에는 자신의 기분보다 더 중요한 것이 많다. 합리적인 인간은 그 사실을 스스로 분명히 이해할 수 있어야 한다. 여기서의 합리성은 쉽게 감정적으로 치우치지 않으며 차근차근 상황을 이해하며 자신의 행동을 조절할 수 있는 능력이다. 인간은 바로 그러한 합리적인 사고 덕분에 우아하게 타인과 더불어 살아갈 수 있다. 마땅한 합리성이 없다면 그 세계는 도덕적으로 엉망이 되고 말 것이다.

대부분의 사람은 자기 주관에 의해 삶을 살아간다. 그것 자체에 좋고 나쁨을 논할 수는 없다. 어쩌면 자연스러운 것이라고 말할 수 있을 뿐이다. 자신의 생각과 감정은 살아가는 데 필수적인 요소이지만, 그것이 언제나 다른 것들보다 우선시되지 않을 수 있다. 그 사실을 이해할 수 있어야 합리적인 인간인 셈이다.

때로는 내 기분보다 중요한 것이 있을 수 있다. 나름의 기준으로 더욱 중요한 어떤 것을 선택하는 일은 어렵다. 그것이 늘 긍정적인 것도 아니다. 그러나 현실적으로 사람들은 종종 가치 판단의 순간을 맞이할 수밖에 없기에 때로는 내 기분이나 억울함은 최우선으로 고려되지 않을 수도 있다.

그것을 받아들였다고 해서 그 사람이 바보인 것은 아니다. 자기 자신이 조금 더 나은 상황을 위해 배려하는 존재로 대우받을 수도 있음을 그 사람은 스스로 깨닫고 있는 것이다.

반면 이따금 인간은 통제력을 잃고 자기 기분에 휩쓸리는 때가 있다. 자신이 불합리한 대우를 받았다고 느낄 때 자기 제어 능력을 상실하는 사람들은 선을 넘어버리곤 한다. 그 행위가 마땅히 모든 이에게 합리적으로 이해받지 못한다면 나는 불합리한 대상이 되고 만다. 결국 자신의 부당한 처우에 대해서 합리적으로 반박하고 사과를 받을 수 있는 자격 또한 잃어버리게 되는 것이다.

따라서 감정적으로 조급할수록 인내심을 가지고 차근차근 상황을 조절해야 한다. 시간이 지나면 당장의 억울함과 분노는 기억도 나지 않을 만큼 작은 알갱이가 되기도 하며, 내가 바로 헤아리지 못한 중대한 사안을 뒤늦게 알게 되어 그 순간 자신에게 들었던 감정이 부끄러워지기도 하는 것이 인간이다.

세상에 선함을 전파하는 것보다 더욱 중요한건 최소한의 합리성을 유지한 채로 살아가는 것이다. 내 기분이 전부가 아니다. 조금만 시간을 가지고 차분히 현실을 자각하면 누구도 너무 큰 상처는 받지 않을 수 있다.

아포리즘 59

끊임없는 극복,
평정심

인간은 의지의 관철과 부정을 끊임없이 반복하는 존재다. 쇼펜하우어는 다양한 종교에서 성인을 투명하게 세계를 드러내는 존재로서 묘사하는 것에 주목했다. 육체와 마음이 있다면 결국 의지를 인식하고 대화를 나눌 수밖에 없는 것이 인간의 숙명이다. 의지 자체를 끊어낼 수는 없으니 그 의지와의 관계를 어떤 식으로 형성해야 건강한 것인지를 고민할 수밖에 없다.

때로는 내 마음과 의지가 같은 곳을 향하고 어느 날엔 의지가 하나의 유혹으로서 내게 작용하는 듯이 느껴지기도 할 것이다. 그 과정 속에서 삶의 균형을 찾는 일은 인생의 과제이며 그 과업의 끝에서 자유를 획득한 인물은 평정심을 얻은 존재로 받아들여진다. 의지의 작용과 그 의지를 부정하려는 욕망이 잔잔한 물결로 거듭난 상태, 마음의 자유는 인간이 끊임없이 인식하고 그 인식에 저항하며 쌓아올린 결과물인 셈이다.

간혹 이토록 잔잔한 마음은 아무것도 없는 무를 뜻하기도 하는데, 쇼펜하우어가 말한 의지의 자유로움으로 거듭난 상태는 아무것도 없는 공허한 허무에 국한되지 않고 세상의 모든 규정과 내용이 담겨 있어 더는 하나의 규정으로서 작용할 수 없는 무(舞)의 상태로까지 이어진다. 즉 평정심이란 하나의 진리와 관점으로 설명하지 못하는 세상의 이치를 알고 감히 언어로 무언가를 설명하거나 표현하지 않으려는 무(舞)인 동시에 내 마음과 타인의 고통을 동시에 헤아리고자 하는 작용과 반작용의 무(無)이다.

아포리즘 60

자기반성으로
나를 인식한다

지구에서 살아가는 생명체들 중에서 아직까지 자기반성을 할 수 있다고 밝혀진 존재는 인간이 유일하다. 예컨대 이는 소파를 물어뜯은 강아지가 주인에게 훈육을 받는 것과는 완전히 다르다. 자기반성이란 외부에 의한 반복적인 훈련으로 조금씩 행위의 올바름을 학습하는 일과는 별개로 스스로 의식을 적용하여 자신의 행위와 감정에 대해 돌아보는 것을 뜻한다. 인간이 자기반성을 할 수 있다는 것은 인간이 인식하는 표상이 다른 동물이 인식하는 표상보다 훨씬 고차원적이라는 뜻이다.

동물들이 위험을 인지하거나 훈련을 받을 때 올바른 행위가 곧 간식으로 귀결된다는 인식은 직관적 표상에 지나지 않지만 인간은 그보다 더욱 추상적인 형태의 표상을 인식할 수 있다. 여기에 시간적 관점을 적용하면 동물들의 표상은 현재에 머물러 있어 지금 이 순간에 국한된 표상을 인식하지만 인간은 과거와 현재, 미래까지 연관된 표상을 추상적으로 인식할 수 있다.

인간이 느끼는 표상에는 눈앞에서 벌어진 일뿐만 아

니라 그 속의 의미와 개념에 대해서도 포괄하고 있기 때문에 오직 인간만이 고차원적인 자기반성을 수행할 수 있다. 이러한 직관과 추상을 모두 포함한 표상을 인식할 수 있는 인간의 능력은 스스로를 더욱 뛰어난 존재로 성장시켜 왔으면서도 동시에 인간은 그 능력 때문에 고통을 느낀다. 왜냐하면 이미 지나간 일에 관하여도 스스로 돌아보고 아직 벌어지지 않은 일에 대해서도 걱정하기 때문이다. 심지어는 그 모든 과거와 현재와 미래가 지금 이 순간으로 뒤섞이며 인간의 감정을 더욱 복잡하게 만들기도 한다.

인간은 이처럼 자기반성이라는 같은 원인으로 성장하고 고통받는다. 그렇기 때문에 오늘날 인간에게 더욱 중요한 것은 자기반성을 할 수 있다는 사실 그 자체보다 반성을 통해 무엇을 이루는가 하는 점이다. 고통스러워만 하다면 내 인식의 세계는 그곳에서 주춤할 것이고, 고통 속에서 조금 더 나은 무언가를 발견할 수 있다면 나는 더 넓은 인식의 세계로 나아가게 될 것이다. 그 주체는 모두 나 자신이다.

아포리즘 61

몸은 가장 구체적인 인식의 거울이다

쇼펜하우어는 당시 대부분의 철학자와 다르게 인간의 신체를 매우 중요한 철학적 요소로 인식하였다. 몸과 마음, 그 두 가지 모두 인간에게는 중요한 인식의 요소이므로 그중 하나를 배제한다면 절반의 세계만을 경험하는 것과 같다고 말할 정도였다.

인간의 표상은 마음에서 시작해서 마음에서 끝나지 않는다. 마음과 신체 모두가 세상을 인식하는 시작점이며 그 인식을 구체화하는 대상은 오히려 마음이 아니라 신체에 가깝다. 고로 신체의 중요성을 말하지 않을 수가 없다는 것이 쇼펜하우어의 주장이다.

우리가 세상에 존재하고 있다는 사실을 인식하는 것은 결국 우리가 이 세계에 실재적으로 존재하는 신체를 지니고 있기 때문이다. 그 신체를 소중히 하는 것은 내 마음을 소중히 여기는 마음만큼 중요한 행위인 셈이다.

마음이 답답할 때는 그것을 해결하기 위해 이리저리 복잡한 궁리를 하는 것보다 밖으로 나가서 힘껏 뛰어보는 것도 좋다. 내적인 여유를 얻기 어렵다면 우선 세상의 표상이 걸쳐져 있는 신체에서부터 호흡을 조절하는 일도 도움이 될 수 있다.

마찬가지로 하루를 개운하게 살아내는 방법이 있다면 내 마음의 표상을 신체라는 구체적인 행위를 통해 솔직하게 드러내는 게 아닐까. 고맙다는 마음을 실제로 고맙다고 표현할 수 있는 것, 미안함에 대해 구체적으로 그 미안함을 드러낼 수 있는 행위가 인간의 삶을 건강하게 만든다.